262

Tatiane Prates

OPORTUNIDADES

Dalmir Sant'Anna

OPORTUNIDADES

Estratégia competitiva para fortalecer diferenciais na vida pessoal e no ambiente corporativo

editora SER MAIS

Presidente:
Mauricio Sita

Capa:
Henrique Mello

Projeto Gráfico:
Desenho Editorial

Revisão:
Equipe da Editora Ser Mais

Gerente de Projeto:
Gleide Santos

Diretora de Operações:
Alessandra Ksenhuck

Diretora Executiva:
Julyana Rosa

Relacionamento com o cliente:
Claudia Pires

Impressão:
Imprensa da Fé

Dados Internacionais de Catalogação na Publicação (CIP)
(Câmara Brasileira do Livro, SP, BRASIL)

Oportunidades - Estratégia competitiva para fortalecer diferenciais na vida pessoal e no ambiente corporativo. Dalmir Sant'Anna – São Paulo: Editora Ser Mais, 2013.

Bibliografia
978-85-63178-45-9
1.Carreira. 2. Vida profissional. 3. Mercado corporativo.
4. Sucesso empresarial - Administração I Título.
CDD 158.7

Índices para catálogo sistemático:
1.Carreira. 2. Vida profissional. 3. Mercado corporativo.
4. Sucesso empresarial - Administração I Título.

Editora Ser Mais Ltda
Rua Antônio Augusto Covello, 472 – Vila Mariana –
São Paulo, SP – CEP 01550-060
Fone/fax: (0**11) 2659-0968
Site: www.editorasermais.com.br
e-mail: contato@revistasermais.com.br

Aos meus avós maternos, Nailde Corrêa e
João Nogueira (in memorian), que com
humildade ofereceram inesquecíveis
oportunidades de capacitação, fortalecendo que o
amor é um ingrediente mágico para o ser
humano que almeja ser apaixonado pelo que faz.

SUMÁRIO

PREFÁCIO

"A capacidade pouco vale sem oportunidade."
Napoleão Bonaparte
1769/1821

Há um velho provérbio que diz existirem três coisas que jamais voltam atrás: uma pedra atirada, uma palavra proferida e uma oportunidade perdida. Esse velho adágio tem a sua razão de ser. E é mais atual do que nunca.

Vivemos em uma era de poderosas e eficazes armas tecnológicas, que substituem as pedradas de antigamente, de comunicação rápida e envolvente. Isso nos torna permanentemente conectados. Em vez de palavras ao vento e de incríveis oportunidades jamais imaginadas em um mundo de negócios dinâmico, mutável, competitivo, as oportunidades estão cada vez mais globalizadas.

Pode-se trabalhar em qualquer lugar do mundo quando se conhecem as línguas e culturas regionais, além das competências necessárias ao trabalho, organização em qualquer tempo ou lugar do planeta através do trabalho virtual ou utilizando-se as mídias de comunicação.

Para tanto, é preciso saber quais as necessidades e o que está sendo ofertado fora de nossa cidade, estado, país ou continente. Afinal, vivemos em uma aldeia global, um verdadeiro shopping de demandas, oferecendo miríades de oportunidades que não apitam na curva e nem dizem quando chegam ou quando se vão. As oportunidades são fluídas, voláteis, passageiras, incertas e, muitas vezes, mascaradas de desafios e ameaças.

Este livro trata de oportunidades que precisam ser farejadas, percebidas e localizadas para serem rapidamente aproveitadas no sentido de impulsionar nossas carreiras profissionais pela vida afora.

Não se trata de pôr o nosso radar no espaço organizacional apenas uma vez por semana, por mês ou por ano. O negócio é estar permanentemente antenado, sintonizado e plugado com o que se passa ao nosso redor. Vamos chamar isso de visão periférica, ou de olhar para fora da caixa. Melhor ainda, ver a caixa e o contexto externo onde ela está situada.

As oportunidades estão lá fora, esperando que as descubramos. Por meio delas, transformaremos nossos talentos em resultados, nossos sonhos em realizações e nossas potencialidades em ações concretas e mensuráveis.

Não basta estarmos apenas preparados. É preciso embarcar nas oportunidades e fazer do nosso preparo um meio de colocá-lo em prática e buscar o retorno do nosso longo investimento em busca de educação, conhecimento, habilidades, capacitação e preparo profissional.

Em tudo aquilo que queremos fazer e realizar, será preciso colaborar, competir com muitas outras pessoas e oferecer mais do que elas estão oferecendo ao mercado. A maioria das pessoas não está parada e esperando passivamente para ver o que acontece. Elas estão se mexendo continuamente para buscar ou localizar oportunidades. Quem fica parado vai ser atropelado pelos que vêm atrás. Ficar no fim da fila significa ficar mais longe da oportunidade e comer a poeira deixada pelos outros.

Lembre-se: no futebol, o bom jogador está sempre onde a bola vai chegar. E onde a bola vai chegar? Isso vai depender de estar com toda a atenção ligada na dinâmica do jogo em todo o campo. Ter a visão do conjunto e fazer cenários futuros.

O jogo nunca se repete e é em qualquer parte do campo que a bola vai chegar trazendo a oportunidade que não se pode perder. Senão outro jogador vai aproveitá-la e transformá-la rapidamente em um êxito na jogada. Este livro pode ensiná-lo a estar sempre onde essa bola vai chegar.

Muito sucesso nesse maravilhoso jogo que é saber localizar, enganchar uma oportunidade e transformá-la em uma realidade maravilhosa, capaz de mudar a vida da gente para melhor.

IDALBERTO CHIAVENATO

EMPTY BOXES

PARTE 1

TRABALHO

TRABALHO:
Tortura ou satisfação?

"A capacidade pouco vale sem oportunidade."
Napoleão Bonaparte
1769/1821

A vida é um dever que
nós trouxemos para
fazer em casa.

Quando se vê, já são seis horas!
Quando se vê, já é sexta-feira.
Quando se vê, já terminou o ano.
Quando se vê, já se passaram 60 anos!
Quando se vê, perdemos o amor da nossa vida.

Agora é tarde demais para ser reprovado.
E se me dessem um dia...
Uma outra oportunidade...
Eu nem olhava o relógio.
Seguiria sempre, sempre em frente.
Iria jogando pelo caminho
A casca dourada e inútil das horas.
Dessa forma eu digo:
Não deixe de se fazer algo de que gosta
devido à falta de tempo.
A única falta será desse tempo
que infelizmente não voltará mais.

Mário Quintana - 1906/1994

Madrugada fria na cidade de São Paulo. Realizo a saída do hotel e entro em um táxi com destino ao aeroporto para apresentar uma palestra na cidade de Salvador. O taxista, com uma aparência triste e com olhar extremamente cansado, responde ao meu cordial e motivador "bom dia" de maneira objetiva, apenas com um balançar de cabeça.

No trajeto até o aeroporto, poucas palavras. Ouço mais de três vezes reclamações de que o trânsito está cada vez pior, de que o preço do combustível é um absurdo e a competição entre os taxistas está cada vez mais acirrada. Percebo, pela maneira de falar, que essa pessoa não gosta do que faz e demonstra estar visivelmente estressada, triste e fisicamente cansada.

Depois do deslocamento aéreo, chego à cidade de Salvador, Bahia. Entro em outro táxi, com destino ao local da palestra, e percebo uma alteração expressiva no atendimento oferecido. Para minha surpresa, o taxista observou o meu nome na etiqueta da bagagem da companhia aérea, enquanto guardava as malas. Desperta minha atenção com relação à dedicação em "bem servir" e, principalmente, ao diferencial no atendimento oferecido.

Entro no táxi e, após combinarmos o local de destino, ele me chama pelo nome. Em seguida, entrega um jornal em perfeito estado de leitura e começa a falar sobre os pontos turísticos da cidade.

Diante de tamanha demonstração de otimismo em servir, deixo a leitura do jornal de lado e começo a ouvir, atentamente, cada detalhe que o taxista relata sobre sua experiência pessoal e profissional na cidade de Salvador, bem como sua satisfação em trabalhar.

Percebo que esse profissional, além de transmitir segurança em conduzir o veículo, demonstra vontade de fazer algo a mais para encantar o cliente e, com alegria, transmite aproveitar cada oportunidade da vida para fazer a diferença. Pergunto o que justifica tamanha paixão e identificação em trabalhar e recebo a seguinte resposta:

> **"Senhor, eu aprendi com um poeta gaúcho chamado Mario Quintana que não devemos fazer da vida um rascunho, pois, talvez possa não dar tempo de passá-la a limpo."**

Começo a refletir que, durante a mesma manhã, tive a oportunidade de conhecer dois profissionais que atuam no transporte de passageiros, entretanto, contam com conceitos, comportamentos, atendimento e visão oposta sobre o trabalho que oferecem.

Um dos profissionais, pela maneira de falar e comportamentos demonstrados, não aproveita as oportunidades à sua volta e acaba por revelar a ausência de paixão pelo trabalho que realiza.

Em perspectiva contrária, o outro profissional optou por atrair clientes e oferecer auspiciosas perspectivas de um elo de felicidade e satisfação. Passou a ser uma pessoa que demonstra, na prática, que o trabalho não é uma tortura, mas um valor que possibilita enxergar além das suas atitudes e comportamentos, uma maneira de aproveitar as oportunidades.

Você conhece alguma pessoa que reclama da oportunidade de aprender algo novo e desperdiça tempo, ao fazer crítica da própria vida?

Conhece alguma pessoa trabalhando em uma loja, supermercado, farmácia, relojoaria que não gosta do que faz?

Em quantas ocasiões você agendou, aguardou, realizou uma consulta médica e percebeu que esse profissional estava muito mais preocupado em preescrever o medicamento do que propriamente ouvir suas necessidades.

Descobrir, entender e conhecer as características, peculiaridades, sentimentos e emoções mais marcantes de cada ser humano deveria ser um diferencial significativo para profissionais que almejam fazer seu trabalho de maneira formidável. Entretanto, passa a ser interessante observar que, gradativamente, tornamos mais felizes nossas vidas ao fazermos uma atividade que gostamos. Passamos a compreender que nenhuma pessoa consegue fazer apenas o que deseja, sem colocar na fórmula do sucesso gotas mágicas chamadas: "paixão em fazer bem feito!"

Ao ultrapassarmos a barreira da lamentação e das desculpas, colocamos em prática o compromisso de vencer e a ação de conquistar vitórias. Ao realizarmos uma atividade de que gostamos, derrotamos a preguiça, rompemos a inércia do comodismo e passamos a fazer parte de um time de profissionais disciplinados, atuantes e vitoriosos, que acreditam no projeto de continuamente aprender e superar expectativas.

O trabalho, no período contemporâneo, é absolutamente indispensável para que sejamos continuamente cidadãos livres e possamos criar, gradativamente, a própria história como empreendedores.

Em algumas organizações há pessoas que centralizam atividades e não sentem satisfação alguma em realizar determinado compromisso assumido. A cada dia que passa, tornam-se "pessoas obrigadas" a elaborar um relatório, visitar um cliente, construir um plano de negócios, escrever uma ata de reunião e outras atividades administrativas, financeiras, burocráticas ou comerciais.

Esses profissionais poderiam transferir o trabalho para um colega com maior disponibilidade de tempo e constatar que os resultados poderiam ser mais ágeis e eficazes, bem como, perceber que essa atitude contribui para fortalecer o clima organizacional e o crescimento coletivo de toda equipe de trabalho.

Quantas pessoas não sentem vontade de organizar o guarda-roupa e, ao fazer essa atividade, demonstram enorme desprazer? Ao contrário de reclamar, que tal realizar essa atividade como um exercício para renová-lo? O que impede transformar essa atividade em uma oportunidade para algo novo?

Quantos jovens não sentem vontade alguma de ajudar seus pais e realizam determinadas tarefas, "considerando serem obrigados", com uma aparência triste e melancólica? Que tal perceber nessa atividade uma oportunidade de aproximação familiar?

Quantas pessoas reclamam da própria vida, da saúde, da família, dos filhos, dos estudos, do professor, do trabalho e desperdiçam a chance de observar as oportunidades que surgem diariamente ao seu lado?

Há pessoas que detestam dirigir e insistem em realizar viagens longas, reclamando do preço do pedágio e da imprudência de outros motoristas. Não são capazes de perceber as oportunidades que a natureza oferece durante uma viagem.

Existem pessoas que consideram o trabalho algo excepcional e unicamente relacionado ao esforço físico e mental, despendido para transformar, produzir e modificar bens e serviços. São pessoas que, na prática vivencial, não gostam do que realizam e constantemente adotam a prática de reclamar de tudo o que está à sua volta.

Essa realidade, observada em situações organizacionais, explica em certa medida porque algumas pessoas se comportam, atuam ou reagem diferentemente no plano individual. A revolta, conformismo, a crítica ou a aceitação, a autodestruição ou a resistência têm suas raízes, em grande parte, no próprio indivíduo, sendo indissociáveis da própria história de vida, da própria experiência e das vivências.

O trabalho que você desenvolve é uma tortura ou é uma satisfação?

Para contribuir na resposta a essa pergunta, quero compartilhar com você a etimologia da palavra trabalho. Em latim, a expressão utilizada para designar é ***tripalium***, que significa *instrumento de tortura*. ***Tripalium*** era um instrumento feito de três paus aguçados, algumas vezes ainda munidos de pontas de ferro, no qual os agricultores batiam o trigo, o linho e as espigas de milho. Com esse instrumento formado por três paus, existia a tortura de punir os criminosos, que ao perderem a liberdade, eram submetidos ao trabalho forçado.

Note, no desenho a seguir, que ***tripalium*** se liga ao verbo do latim popular ***tripaliare***, que juntos, significam justamente torturar ou, ainda, martirizar.

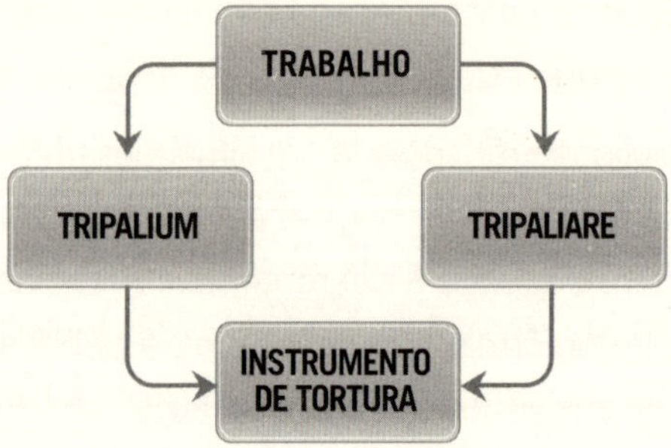

Em italiano, a palavra trabalho é ***travagliare***, que significa aflingir, atormentar, fadigar, molestar, oprimir e sofrer. Nessa definição, o trabalho também passa a ser apresentado como sendo um castigo inevitável para se obter sustento.

Em francês, a palavra trabalho é ***travailler***, que, em sentido amplo, designa toda pessoa que, executando um esforço físico ou intelectual no desempenho de uma atividade, promove uma insatisfação na busca por um resultado, tendo em mente satisfazer unicamente uma necessidade economicamente útil.

Em inglês, ***labour*** significa esforço, cansaço; e work representa ativa criação, ocupação, serviço, atividade e obra. Respectivamente, as palavras alemãs ***arbeit*** e ***werk*** significam esforço e canseira.

Essa ideia de trabalhar como ser torturado, com sofrimento e labuta passou a oferecer entendimento não somente ao fato propriamente da aflição, mas com esse conceito, passa ser possível compreender o comportamento de algumas pessoas que saem de casa e demonstram nítida insatisfação e baixa autoestima em realizar suas atividades profissionais.

É passível de entendimento o fato de que algumas pessoas, durante o período de férias, desejam que esse momento jamais termine, pois voltar ao trabalho é considerado uma verdadeira tortura. O que dizer do profissional de vendas que, pela manhã, despede-se da família e diz para a esposa: *Lá vou eu, mais uma vez, para a guerra!*

O que comentar da pessoa que, na segunda-feira pela manhã, chega ao escritório, à sala de aula, à imobiliária, à agência de viagens, à concessionária de automóveis ou ao ambiente comercial com uma aparência triste e, ao receber um saudoso e motivador "bom dia", responde: *bom dia por quê?*

O que pensar de uma operadora de caixa de um supermercado que, ao receber um cordial "bom dia", responde ao cliente: *bom dia somente se for para o senhor, que não trabalha aqui nessa empresa!"*

"Eu não pinto um retrato para se parecer com a pessoa, mas sim para fazer a pessoa progredir e se parecer com o retrato."

Salvador Dali
(1904/1989)

Houve um período na história em que encontramos a escravidão direcionada unicamente ao trabalho manual e desvalorizada, por ser realizada por escravos, que não detinham direitos trabalhistas. O escravo desempenhava suas atividades de modo indefinido até o fim da sua vida ou quando deixasse de ter a condição de saúde plena para realizar determinada tarefa.

Nesse período da história, é significativo o aspecto da palavra ***negotium*** indicar a negação do ócio, enfatizando o trabalho como uma ausência de lazer e alimentação. Etimologicamente, a palavra alienação vem do latim ***alienare***, que significa pertencer a outro (***alius***). Sob determinado aspecto, alienar é tornar alheio, transferir para outro o que é seu, tendo como consequência a fragmentação da sua consciência.

No livro *Uma Introdução ao Histórico da Organização Racional do Trabalho* (2009, p. 32), o sociólogo e político brasileiro Alberto Guerreiro Ramos (1915/1982) enfatizou que "a escravidão se justifica no pensamento grego como uma decorrência da hierarquia de valores. O escravo é a verdadeira máquina viva, vocacionalmente destinado a obedecer. Faz parte da comunidade doméstica juntamente com os outros bens, objetos e carece da temperança, da coragem e da justiça, possuindo apenas as virtudes de um bom instrumento. À luz da filosofia social, o trabalho torna-se desprezível, bem como as aplicações materiais da ciência. Especialmente por esse motivo, não se desenvolve na Antiguidade a técnica do trabalho, nem mesmo, o maquinismo".

Posteriormente, houve um período na época medieval em que o trabalho deixa de ser escravo para ser considerado um castigo. Encontramos, nessa fase, a servidão aos nobres poderosos ou aos senhores feudais (feudalismo), que ofereciam proteção militar e política aos servos, que, consequentemente, não eram livres, mas tinham de oferecer serviços ao senhor feudal e, como resultado, entregar parte da produção rural que cultivavam pelo uso das terras.

O feudalismo pode ser definido como um modo de produção, ou seja, a forma pela qual as pessoas confeccionavam produtos necessários à sua sobrevivência, com o poder centralizado nas mãos do senhor feudal e uma economia baseada na agricultura (feudos). A servidão era uma espécie mais branda da escravidão, pois, ainda que os servos fossem vendidos, estavam obrigados por toda a vida a entregar os produtos e prestar serviços a seus senhores em troca de proteção dos ataques de inimigos externos. No plano dessas relações servis, havia diversos tipos de impostos que os servos tinham de pagar aos seus senhores, incluindo os serviços prestados e as taxas pelo uso dos fornos e moinhos que o senhor feudal controlava.

No livro *O Feudalismo* (1983, p. 62), o Doutor em História Medieval, Hilário Franco Júnior, enfatiza que o feudalismo significava "uma reorganização da sociedade ocidental em novos moldes, mais de acordo com as condições decorrentes do fracasso do Império Carolíngeo e com as profundas transformações que ocorriam há séculos".

> **"Fabricador de instrumentos de trabalho, de habitações, de culturas e sociedades, o homem é também agente transformador da história. Mas qual será o lugar do homem na história e o da história na vida do homem?"**
>
> **Alain Guerreau**

Na Idade Moderna, a conjuntura começa a se alterar devido ao crescente interesse pelas artes mecânicas e pelo trabalho em geral. Essa alteração ocorre com ascensão dos burgueses, vindos de segmentos dos antigos servos, que adquiriram sua liberdade e dedicavam-se ao comércio para apresentar outra concepção a respeito do trabalho.

Houve, posteriormente, outra fase da história, em que encontramos as corporações de ofício, nas quais existiam três personagens principais:

Mestres	Proprietários de oficinas e das corporações de ofício
Companheiros	Trabalhadores que recebiam salários dos mestres
Aprendizes	Pessoas que recebiam dos mestres o ensino metódico da profissão

Nesse período da história, a jornada de trabalho era extensa. Chegava a até 18 horas no verão e, na maioria das vezes, as tarefas terminavam somente com o pôr-do-sol, por causa da qualidade produtiva do trabalho.

A Revolução Industrial, que aconteceu na segunda metade do século XVIII na Europa, trouxe consigo um conjunto de transformações econômicas, tecnológicas e descobrimentos científicos.

> **"O homem que trabalha somente pelo que recebe, não merece ser pago pelo que faz."**
>
> **Abraham Lincoln**
>
> (1809/1865)

Com a Revolução Industrial, foi possível verificar a passagem da energia humana e sistemas domésticos (manufatura) para a energia motriz e sistemas industriais (maquinofatura), com a transformação do trabalho em emprego, gerando uma nova cultura a ser experimentada e uma antiga, a ser desconsiderada. Os trabalhadores passam a contar com o Direito do Trabalho, Contrato de Trabalho e realizar tarefas com o pagamento de salários.

Conforme o professor e historiador José Jobson de Andrade Arruda (1994, p. 08), a "Revolução Industrial é a culminância de um processo secular, com raízes fundidas na crise do sistema feudal, que consolida o modo de produção capitalista, que instaurou um sistema econômico social, com forma peculiar de Estado e ideologia específica".

A fabricação do aço completou a Revolução Industrial e contribuiu para relevantes avanços na siderurgia. Foi o cientista, inventor e engenheiro inglês, Henry Bessemer

(1813/1898) que criou, em 1865, o "Processo Bessemer", para transformar ferro fundido em aço. O princípio desse processo é a remoção de impurezas pela oxidação com ar soprado por meio do ferro fundido. A oxidação aumenta a temperatura da massa e a mantém em estado de fusão.

Após o momento em que foi desenvolvido o lampião à gás, com a gaseificação do carvão, em 1972, pelo engenheiro e inventor escocês William Murdock (1754/1839), o trabalho passou a ser prestado em média 12 a 15 horas por dia. Várias indústrias começaram a trabalhar no período noturno. Em geral, nesse período, realizar o exercício de trabalhar era considerado penoso, tedioso e as condições de trabalho eram inapropriadas e desumanas.

No campo filosófico, a mais expressiva contribuição para a expansão, na concepção do trabalho, fortaleceu-se nos estudos de Georg Friedrich Hegel (1770/1831), que apresenta importância capital no processo pelo qual o homem toma consciência de si mesmo e alcança sua ascensão quando se encontra com os demais no processo de criação do próprio mundo.

O trabalho que você desenvolve é uma tortura ou é uma satisfação?

Ao abordar satisfação, espero que você compreenda o desejo de fazer uma atividade ou desempenhar uma função com o sentimento de amor. Jamais esqueça que ninguém pode amar por imperativo, pois o amor é uma reação de sentimento e não uma questão moral. Em grego, a palavra EROS significa amar e desejar. No ciclo dos mitos olimpianos, EROS (cupido, para os romanos), filho de Afrodite e Ares é representado por uma criança travessa, ocupada em flechar os corações alheios, para conseguir torná-los apaixonados.

Segundo Platão (428/437 a.C), o desejo é a falta, pois desejamos aquilo que não temos pela ânsia de ajudar o eu próprio e autêntico a realizar-se. E a realização ocorre enquanto a vontade humana tende para o bem e para a contemplação do belo. Como exemplo, a atitude de um namorado ao expressar seu romantismo à namorada e expor seu amor platônico dizendo: "Amo você na falta, por que seu amor me faz muita falta".

Aristóteles (384/322 a.C), que nasceu em Estagira, na Calcídica, e foi aluno de Platão, ao falar de amor, afirma que o amor não é a falta, mas é sabedoria pela ação de amar na presença. É o amor na presença, por aquilo que dispomos que nos permite viver bem, sem jamais abandonar a sabedoria de valorizar as oportunidades que estão diante de nós diariamente.

Dessa maneira, como toda meta não é presença, mas um desejo que ainda falta, incita um amor e gera como resultado uma satisfação que ainda não vivenciamos. Corroborando com esse pensamento, Nicolau Maquiavel (1469/1527), que viveu na República de Florença, destaca no livro "O Príncipe" (1979, p.108) "que o bom governante é aquele que deseja. E o que deseja o governante é o aumento de poder. O poder dessa maneira passa a ser sua principal meta. E a meta além de desafio é uma oportunidade".

E quando buscamos a meta de encontrar satisfação, não no poder autoritário, mas na aproximação do desejo e do amor, o escritor e filósofo francês **Jean Paul Sartre** (1905/1980) enfatiza que o prazer pressupõe a presença, e o desejo pressupõe a falta.

Amamos aquilo que nos falta e abandonamos amar de maneira verdadeira aquilo que está na nossa presença.

Talvez, por trabalhar durante muitos anos na concepção de exercer uma atividade direcionada à tortura, com movimentos rotineiros, esteja distante do homem o sentimento de desejo e de amor ao seu próprio trabalho.

O homem, reduzido a gestos mecânicos, tornado de maneira ilustrativa como "um homem esquizofrênico", foi retratado no clássico do cinema "Tempos Modernos", de Charles Chaplin (1889/1977).

O filme focaliza a vida urbana nos Estados Unidos nos anos 30, quando a depressão atingiu a sociedade norte-americana. Ao conseguir emprego em uma indústria, Carlitos (Charles Chaplin) transforma-se em um operário engolido pelo poder do capital e perseguido por suas ideias subversivas.

Creio que, ao aproveitar as oportunidades diárias oferecidas pelo trabalho, cada pessoa gera certo grau de amor, que se nutre gradativamente pela profissão, por meio da identificação com o que se gosta de fazer.

Há indivíduos que organizam um *happy hour* e fazem festa no final do expediente da sexta-feira, mas qual é a festa que ocorre segunda-feira pela manhã? Que festa ocorre na primeira oportunidade que os trabalhadores iniciam a atividade diária? Qual o desejo presente na alegria desse movimento? Qual o sentimento de desejo e alegria que ocorre no primeiro dia da semana de trabalho?

VOCÊ É UMA PESSOA APAIXONADA PELO SEU TRABALHO?

Para contribuir na resposta a essas perguntas, quero compartilhar com você outra pesquisa realizada sobre a etimologia da palavra trabalho.

Observe que, em hebraico, a palavra utilizada para designar trabalho é ***abador***, que significa *servir a Deus*.

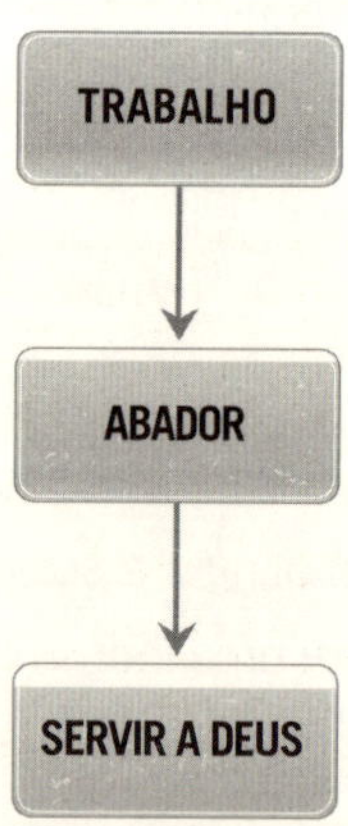

Nessa nova abordagem de trabalho como ação de servir, a ciência, que era dissociada do trabalho, passa a ser expressiva força produtiva para fortalecer a construção de um mundo sem fronteiras, inovações tecnológicas acompanhadas pela robótica e a globalização da economia.

Pressupondo a acepção dos estudos de Karl Marx (1818/1883), a quantidade de trabalho obtida depende do processo produtivo, a fim de promover a cooperação do trabalhador e desestimular atitudes de resistência ao trabalho, que passa a ser uma atividade resultante do dispêndio de energia física e mental, contribuindo, assim, para a reprodução da vida individual e social. Para Karl Marx, o conceito supremo de toda compreensão humanista está no que o homem deve trabalhar para si não entendendo isso como trabalho sem compromisso com outros, pois todo trabalho é tarefa para fazer-se a si mesmo.

> **"Não é a consciência do homem que lhe determina o ser, mas, ao contrário, o seu ser social que lhe determina a consciência."**
>
> **Karl Heinrich Marx**
> **(1818/1883)**

O que se constata na prática é que, a partir do Século XX, uma inovação tecnológica não dura atualmente seis meses. Dependendo da área de aplicabilidade, a inovação passa a contar com atualizações diárias. Dessa maneira, é preciso compreender que, quando uma pessoa é apaixonada pelo que realiza, serve o que há de melhor e busca encontrar felicidade no que desenvolve.

Quando somos apaixonados e dedicamos verdade e amor por algo que realizamos, passa a ser possível aproveitar cada oportunidade para oferecer uma proposta de relação de consistência e integração, tanto no âmbito profissional como nas relações afetivas com a família e amigos. Assim é necessário perceber que há quem acredita que a felicidade não existe!

MAS O QUE É FELICIDADE?

É um estado afetivo ou emocional de sentir-se bem ou sentir prazer pelo que se está desenvolvido. Um acadêmico apaixonado pelo curso sente expressiva felicidade ao fazer novas descobertas. Por estarem apaixonados pelo trabalho, empresários, executivos, esportistas e profissionais liberais dos mais diversos segmentos, demonstram a felicidade em pequenos gestos, como um sorriso, um saudoso bom dia ou ainda, reconhecendo o esforço de um colega.

Quem não gosta do que faz adoece mais. Pessoas que participam de concurso pensando somente na ilusória estabilidade tornam-se infelizes no trabalho e, gradativamente, apresentam ineficaz atendimento aos cidadãos nos serviços públicos. Quem não gosta do que faz conta as horas para ir embora do local de trabalho e realiza sua atividade somente pelo salário. Você conhece alguma pessoa assim?

Um dia de sol, um cafezinho, suco, vitamina de fruta ou um chá após uma extensa reunião, o sorriso do filho que estava ansioso à sua espera... A felicidade alcança sua extensão quando você dedica um pouco do seu precioso tempo para atividades que proporcionam a sensação de leveza, de reconhecimento, superação e bem-estar.

> **"A vida só pode ser compreendida olhando-se para trás. Mas só pode ser vivida olhando para a frente."**
>
> **Soren Kierkegaard**
> **(1813/1855)**

A satisfação em trabalhar é, portanto, o fator competitivo entre as pessoas e sua relação com a sociedade, por meio do uso racional do conhecimento e da aplicação que passa a ser possível minimizar ou amenizar as desigualdades.

O trabalho como tortura é um ciclo de vício com escassez de descobertas. Tem seu início pela demonstração constante de uma aparência de desgosto e um **clima de insatisfação**, apoiado por **constantes reclamações** sobre os atributos pessoais e profissionais.

Nesse estágio, o trabalho não encontra crescimento pelo princípio de que é mais fácil apresentar justificativas, do que encontrar soluções para um determinado problema. A **ausência de qualificação** reflete na limitação de ideias, na contribuição com sugestões de melhoria e no desenvolvimento de novos projetos. O trabalho como tortura, completa o ciclo com a **infelicidade profissional**, que destaca o distanciamento da emoção pessoal em fazer uma atividade com satisfação.

Uma pessoa que faz do trabalho uma tortura, demonstra falta de comprometimento e, com frequência, fica oculto atrás de problemas. Opta em manter uma estabilidade na carreira, solicitar atestados médicos e com um feriado no meio da semana, encontra um motivo a mais para comemorar seu afastamento do trabalho.

COMO DESPERTAR SATISFAÇÃO NO TRABALHO?

O trabalho como satisfação é um ciclo de constante crescimento e novas descobertas diárias, geradas pelo estímulo de fazer sempre o melhor e a vontade de continuamente aprender algo novo. O ciclo do trabalho como satisfação tem início pela demonstração de um **clima de valorização**, apoiado pelo desejo de **superar desafios** pessoais e profissionais. Estudos desenvolvidos por Elena Antonacopoulou (2000, p. 266), reforçam que "um clima construtivo encoraja os indivíduos a ter atitudes positivas com a aprendizagem e o reconhecimento da necessidade em desenvolver a aprendizagem, superando as resistências à mudança".

A vontade de aprender, participar de processos de qualificação, treinamentos, palestras e cursos, enfatizam a **constante atualização**, permitindo observar oportunidades, empreender ações na própria atividade. O trabalho como satisfação completa o ciclo com a **felicidade profissional**, pois reforça a aproximação da capacidade de ser uma pessoa com experiência profissional, capaz de refletir ideias, análise de tendências e perspectivas no mercado de atuação.

A pessoa que faz do trabalho uma satisfação, encontra entusiasmo, determinação e perseverança para prosseguir com os sonhos e projetos. Os olhos brilham ao contar sobre novas conquistas.

Observe que, quando não há satisfação, o reconhecimento pessoal é nulo, principalmente no aspecto em que se entrecruzam tantas novidades e modificações no campo das organizações. Sem motivação, o ser humano mergulha em uma espécie de estágio de sofrimento, olhando para o relógio inúmeras vezes, para perceber quanto tempo falta para terminar o expediente de trabalho.

Sem satisfação no trabalho, há um mal estar frequente, que incomoda, pois nada satisfaz, nada parece possuir força suficiente para alterar o rumo das atividades realizadas. Uma pessoa sem autoestima no trabalho freia bruscamente a criatividade, o desejo de inovar e reforça rotinas improdutivas.

Como resultado negativo, ocorre o crescimento das taxas de angústia e de ansiedade, aumenta a inquietação e como reação, a empresa, o setor e a atividade desempenhada passam a apresentar seguidos déficits de sentido, pois o profissional perde e abandona o encanto e o poder da sedução.

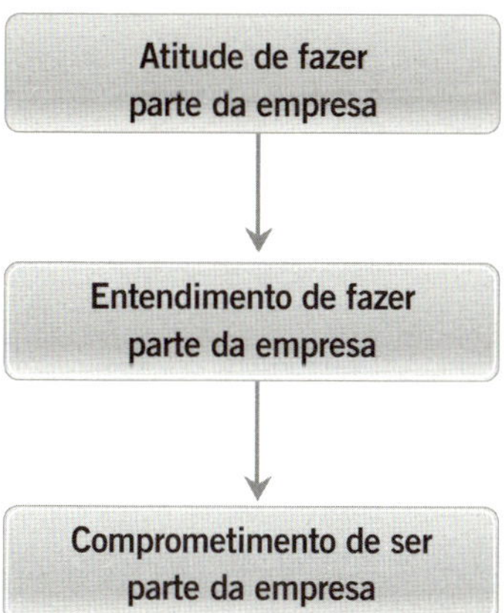

O trabalho passa de maneira constante por transformações e um processo evolutivo que compreende três ações particulares e distintas. A primeira ação está relacionada com a **atitude de fazer parte da empresa**, por meio do senso de pertencer à organização e ter envolvimento com metas, troca de experiências e entendimento da sua atividade na empresa.

A próxima ação está relacionada com o **entendimento de ser parte da empresa**, por meio do orgulho de pertencer à organização, acreditar na capacidade de superar desafios e ter foco nos resultados.

A terceira ação a seguir está relacionada com o **comprometimento de ser parte da empresa**, por meio do senso de confiabilidade na liderança, no compromisso com tarefas assumidas e na dedicação para valorizar o trabalho em equipe.

Dessa maneira, ao descrever comprometimento quero que você, que acredita ser uma pessoa profissional de destaque, não abandone de si o desejo de fazer sempre o seu trabalho com amor.

Mesmo que seus colegas de trabalho, por não conseguirem realizar a mesma atividade que você desenvolve com tamanha competência, brinquem de maneira negativa, chamando você, infelizmente, de puxa-saco, grude-grude, lambe-lambe, baba-ovo, entre outros apelidos, busque encontrar forças. Muitos que fazem esses tipos de comentários negativos gostariam mesmo, na realidade, é de estar no seu lugar.

Se você é estudante e atualmente é alvo de comentários negativos de amigos, por sua dedicação aos estudos, lembre-se que o mercado de trabalho procura aquelas pessoas capazes de realmente fazer a diferença.

Nenhum empresário quer na sua equipe um acadêmico que faz plágio e constantemente está no ombro dos colegas. Um empresário procura, no momento de contratar, pessoas capazes de aplicar o ciclo da satisfação apresentado anteriormente.

> **"É impossível avaliar a força que possuímos sem medir o tamanho do obstáculo que ela pode vencer, nem o valor de uma ação sem sabermos o sacrifício que ela comporta."**
>
> **Fred Smith**

A vida não começa quando se **nasce**, pois o conhecimento não está totalmente formado. Leve diariamente com você a reflexão de que a vida realmente começa quando você **desperta**.

Incrível que essa ação de "despertar" pode ocorrer em qualquer idade e fase da vida humana, em qualquer atividade, em qualquer segmento de atuação e em qualquer circunstância em que se deseja abandonar de vez o ciclo do trabalho como uma tortura.

> **"Só existem dois dias no ano em que nada pode ser feito: um se chama ontem e o outro amanhã. Portanto, hoje é o dia certo para amar, acreditar, fazer e, principalmente, viver."**
>
> **Dalai Lama**

SUBSTITUA EM SUA VIDA O MEDO PELA CONFIANÇA

Há profissionais que negam tentar algo novo, pois o medo de falhar estará refletindo em fracasso. O poder destrutivo do medo ocupa na mente do ser humano um significativo espaço de alegria, esperança e experiência em descobrir algo novo. Mas o que é medo? A raiz da palavra medo vem do termo em Latim *MÉTUS*, que significa angústia, ansiedade e temor. É isso que o medo causa na vida de uma pessoa, quando ela permite que essa força destrutiva seja maior que o brilho do seu talento e de suas competências.

Que tal reverter essa situação? Procure fortalecer sua autoestima, acredite mais em você e nas suas habilidades. Tenha como hábito escolher pensamentos produtivos e otimistas. Ao contrário de afirmar que uma determinada situação não dará certo, coloque em prática o exercício de pensar positivamente. Diante de um problema, o que impede você de pensar com confiança na resolução da situação, ao contrário de deixar o medo dominar seu poder de superação e vitória. São poucas as coisas que se aprende na vida, sem que se erre pelo menos uma vez. Quando você era criança, para aprender a andar de bicicleta, foi preciso superar o medo, demonstrar confiança em si e, como resultado, sentir a sensação de pedalar descobrindo novas emoções.

Lembre-se de que, da mesma maneira que a chuva precisa do vento para aumentar sua força, a organização precisa de pessoas apaixonadas pelo que fazem para crescer e tornar-se cada vez mais competitiva, competente e lucrativa.

Da mesma maneira que a maré precisa da água do mar para subir, acredite que você, para alcançar e superar desafios, precisa ser acompanhado por gente que vibre pelo seu sucesso, para constantemente vencer. Lembre que tudo o que você ama, era algo desconhecido no passado. Dessa maneira, não tenha insegurança de continuar a experimentar algo novo...

Você lembra os dois motoristas que descrevi no início do capítulo deste livro? O primeiro não busca aproveitar as oportunidades à sua volta e demonstra ausência de paixão pelo trabalho. Já o segundo, em atitude contrária, atua no transporte de passageiros com o desejo de gerar resultados por meio da satisfação, desejo de servir e vontade de fazer algo a mais na vida pessoal e profissional. Durante a leitura realizada até agora, qual dos dois motoristas você acredita ser?

Agora, para ratificar a relevância de aproveitar as oportunidades, fortalecer as competências e enfatizar que a satisfação constitui diferença na vida pessoal e profissional, apresento, a seguir, entrevistas realizadas com três profissionais que desempenham, no cenário brasileiro, atividades diversas, mas possuem extrema paixão em superar os desafios e um perfil particular de serem pessoas empreendedoras ao fazerem sempre o melhor possível.

Para você aproveitar ao máximo cada entrevista, apresento o empresário, parapsicólogo clínico, escritor, palestrante motivacional e especialista em paixão desde 1993: **Geninho Goes**.

A segunda entrevista é com **Andrea Schaefer**, que, mesmo formada em Farmácia, optou em ser fotógrafa profissional por entender que a paixão pelo trabalho é um fator determinante para o sucesso.

"*Tropa de Elite... Osso duro de roer...*" E, para concluir o primeiro capítulo deste livro, apresento a entrevista realizada com **Paulo Storani,** capitão da Reserva do Batalhão de Operações Policiais Especiais da PM do Rio de Janeiro (BOPE) e consultor de operações especiais do longa-metragem Tropa de Elite, dirigido por José Padilha.

GENINHO GOES

www.geninhogoes.com.br

> **"As pessoas são diferentes. Dê os mesmos ingredientes para duas pessoas e terá uma receita diferente de cada uma. O que é êxito para você, pode não ser para o outro. Não podemos colocar o ser humano em uma embalagem e esperar que todos sejam iguais. Esse é o segredo de Ser Humano."**

Parapsicólogo clínico, empresário, palestrante motivacional, escritor e especialista em paixão desde 1993, Geninho Goes é estudioso das funções mentais, especialista em Marketing e *Practitioner* em PNL (Programação Neurolinguística). Organizador da Bolsa de Negócios Turísticos - BNT e Diretor da GWG Marketing e Eventos, conquistou sucesso ampliando, em sua vida, o poder da palavra, a força da paixão e do pensamento positivo.

Algumas pessoas são destaques e referências no trabalho que realizam, entretanto, outras realizando a mesma atividade não conseguem conquistar êxito, a paz e a prosperidade. Isso acontece por quê?

As pessoas são diferentes. Dê os mesmos ingredientes para duas pessoas e terá uma receita diferente de cada uma. O que é êxito para você, pode não ser para o outro. Não podemos colocar o ser humano em uma embalagem e esperar que todos sejam iguais. Esse é o segredo de Ser Humano. É isso que nos faz diferentes de todas as espécies. Depois de incansavelmente pesquisar e escrever sobre felicidade compreendo a incapacidade em ser feliz a vida toda. A nossa paz de cada dia é desafiada por pessoas em inúmeras situações. Não é preciso ser um monge tibetano para treinar e fortalecer a paz. As oportunidades estão diante de cada um de nós, todos os dias, para ensinar que é possível viver em paz a partir das escolhas que realizamos. Eu vivia em busca de uma vida feliz, projetando minha satisfação para quando a vida melhorasse, quando realizasse meus sonhos. Realizei tudo que sonhei e mesmo assim me encontrei em busca da felicidade. Construir novos sonhos me faria andar em círculos, repetir a mesma trajetória de insatisfação. Percebi que enquanto vivia em busca da vida felicidade deixava de ser feliz no dia de hoje. Como se a busca não valesse nada, apenas a concretização era importante. A incapacidade de ser feliz experimentada por mim estava relacionada com a impotência em viver o tempo presente. Descobri que ainda estou em fase de aprender que ser feliz no dia de hoje é o suficiente. Basta. Quando você é bom naquilo que faz, passa a ter maior valor no mercado de trabalho. Acredito que isso me trouxe um pouco mais de paz e quem sabe pode auxiliar a mudar também a sua conduta perante a vida. Precisamos deixar de lado o hábito de buscar a felicidade e de viver a felicidade.

No seu livro "Administrando você com paixão: seja o maior investimento da sua vida" (Editora Saber Viver), você apresenta que a pessoa apaixonada não vive, mas transborda em comprometimento, dedicação e otimismo, fazendo do seu trabalho uma fonte de prazer. Você acredita que a vida de uma pessoa apaixonada pelo que faz é muito mais descontraída e repleta de constantes descobertas?

O motivo é simples: ela é apaixonada. A paixão desperta os sentidos e faz com que a pessoa viva intensamente. Não apenas ser apaixonado. É preciso descobrir o que lhe mantém apaixonado, e isso o levará a constantes descobertas. O que é alvo da sua paixão hoje pode não ser amanhã. Estamos em constante mudança e evolução. Ser movido pela paixão no trabalho contribui com a sua realização pessoal e profissional. Nenhuma profissão está livre de momentos difíceis, mas fazer a escolha certa de acordo com o seu talento e aptidão ajuda a superar os obstáculos. A pessoa apaixonada pelo que faz transborda, e assim que passa essa emoção, responsável pela criação de uma série de componentes químicos no seu organismo, é preciso seguir em frente, em busca de novas razões para que essa sensação perdure.

Como fazer para se tornar continuamente um profissional apaixonado pelo que se faz em um ambiente de trabalho cada vez mais competitivo?

Não somos apenas o trabalho que desenvolvemos. É preciso cuidar da vida como um todo, cuidar das 8 saúdes (emocional, espiritual, familiar, financeira, física, intelectual, profissional e social), que sugiro no meu livro "Administrando você com paixão". A vida não é assim. Basta olhar a natureza e perceber que existem estações diferentes. Assim é o ser humano. A alegria e a tristeza, a saúde e a doença, o nascer e morrer. Nada é constante, nem mesmo a paixão. E assim, ao exigir que seja constante torna os ambientes competitivos, pesados e estressantes. Acredito que os administradores com base e fundamento apenas na razão, não interpretem a vida da maneira como eu sugiro acima, por que são treinados para estar no controle, no comando, na administração o tempo todo. Eu também fui assim e, hoje, estou na caminhada para aprender a aceitar as coisas que não posso controlar totalmente. Nada, absolutamente nada, é para sempre, mas, na maioria das vezes, eu posso realizar minhas escolhas. Fazer escolhas certas, ler notícias que tragam conhecimento necessário, preferir programas saudáveis na televisão, amizades agradáveis são fonte para o conhecimento. A vida, por si só, já é uma grande fonte de conhecimento para quem tem sabedoria.

Usando sua experiência profissional como parapsicólogo clínico, comente sobre o fato de algumas pessoas atuarem com cortesia, cordialidade, e um sorriso surpreendente. Qual a realidade de algumas pessoas optarem em fazer do trabalho uma constante tortura?

Eu tenho a minha história, meus pais, irmãos. Tive meus professores na infância, tenho dois irmãos e a certeza de que nenhuma pessoa neste mundo, com mais de 6 bilhões de pessoas, viveu as mesmas experiências que eu. Sou único, e isso me faz especial. Você também é assim. Conhecer a história de cada um é a resposta para compreender as escolhas entre tortura e prazer. Você pode ajudar alguém, incentivar, mostrar alternativas, iluminar caminhos para uma vida melhor, auxiliar, socorrer ou assistir, isso não significa fazer pelo outro e sim mostrar que ele pode fazer algo por ele mesmo. Cada um encontra sua maneira e formas de fazer o bem. Algumas pessoas preferem colaborar com entidades, outras visitam alguém que precisa, é um bom amigo, um ouvinte exemplar ou simplesmente doa parte do tempo que se tem para trabalhar como voluntário. Quando alguém faz o bem, não importa a maneira escolhida, o mundo fica bem melhor. Você pode usar seu talento e por meio do seu trabalho contribuir para a melhoria da vida de alguém.

Em um passe de mágica, se pudesse viajar de volta 10 anos, que conselho Geninho Goes daria a si mesmo sobre o relacionamento humano com a família, com os amigos e sobre sua própria paixão no trabalho?

Não existe resposta para tudo, mas diria para eu fazer tudo que eu fiz, por que foi o que me trouxe onde estou hoje. E se está bom onde estou, é por que, mesmo cometendo alguns erros, eu trilhei um caminho que valeu a pena. As emoções são estimuladas principalmente pelos pensamentos. Se você possui pensamentos positivos e saudáveis. O contrário também é verdadeiro. Os pensamentos são criados de acordo com as crenças de cada pessoa e são desencadeados por motivos diferentes e que não se tem controle absoluto sobre eles. Sentimento positivo atrai coisas positivas e nesse sentido não tenho grandes arrependimentos sobre as coisas que eu fiz nos últimos dez anos, e nada ou ninguém me garante, que se tomasse qualquer outra atitude, estaria melhor ou pior do que estou hoje. Diria: "Meu amigo Geninho, viva intensamente para não se arrepender depois. Tudo tem sua fase, sua época e tudo acaba um dia. Não se apegue tanto, acreditando na eternidade das coisas ou pessoas. Aceite que tudo é incerto, assim poderá aceitar com mais sabedoria os acontecimentos da vida. Não queria estar no controle de tudo o tempo todo. A vida não é assim. As pessoas existem por um tempo limitado em sua vida. Aproveite cada instante que tem ao lado delas, porque quando menos esperar, elas poderão ser tiradas de você. E quem sabe, quando menos se espera, a sua própria vida poderá não lhe pertencer mais". Esses conselhos dou a mim, ainda hoje, pois busco descomplicar a vida um pouco mais a cada dia. Viver mais na prática e menos na teoria. Ser meu melhor amigo, permitindo-me errar e, acima de tudo, perdoar-me. E por final, lembraria que, se tivesse trilhado outro caminho, pessoas especiais não teriam aparecido nele. Como é o caso de alguns amigos que cultivamos aos poucos, sem pressa e com muito carinho.

ANDREA SCHAEFER

www.andreaschaefer.com.br

> **"Eu fico triste quando ouço pessoas falarem que arte não é profissão. Se você se dedicar em qualquer arte, você se destaca, ganha dinheiro e, principalmente, sente cada vez mais a vontade de fazer melhor. Um vizinho do meu pai sempre dizia: se você quer ser um pipoqueiro, aprimore seu trabalho, dedique-se e seja o melhor pipoqueiro."**

Bacharel em Farmácia (Univale), encontrou, inicialmente, na fotografia um hobby, e, posteriormente, o envolvimento. Somado ao prazer por essa área, foi forte e tão expressivo que passou a encará-lo como verdadeira profissão.

Iniciou produzindo retratos, books e realizando a cobertura de eventos. Após a formação em Fotografia pela ESPM (Escola Superior de Propaganda e Marketing), empreendeu o investimento na abertura do próprio estúdio fotográfico, na cidade de Balneário Camboriú. Dedica-se exclusivamente à fotografia. Trabalhou durante dois anos no *Road Show Canon*, com demonstrações, nas capitais brasileiras, do uso das câmeras fotográficas da empresa Canon. Realiza trabalhos para campanhas publicitárias, capas de revistas, agências de modelos e dj's nacionais e internacionais, como o premiado espanhol da música eletrônica, DJ Oliver.

Você cursou e concluiu a faculdade de Farmácia. Atualmente é uma fotógrafa com expressivo talento e conceituada na área de fotografia. O que fez essa mudança ocorrer na sua vida?

A mudança ocorreu na minha vida após vários questionamentos sobre o meu presente e minha projeção profissional. Sou uma pessoa que gosta de criar e, na juventude, ao descobrir que com a faculdade de Farmácia eu poderia trabalhar na área das misturas e criação de novos produtos ligados à cosmetologia, realizei minha graduação. Acredito que o momento da mudança foi devido à crise existencial, com reflexões de que eu não estava satisfeita e feliz. Quando descobri que em São Paulo havia pós-graduação em Fotografia, busquei motivação para concluir a faculdade de Farmácia, para assim, dedicar-me com exclusividade ao aprofundamento nos estudos da área fotográfica. Um detalhe interessante é que, no último semestre da faculdade de Farmácia, fiz uma exposição fotográfica na Univale, e inúmeras mensagens confirmavam que estava na trajetória correta. Tinha certeza de que a fotografia estava por completa e incorporada na minha vida. Posso afirmar que sou Bacharel em Farmácia, mas, para o meu coração, emocionalmente, sou formada em Fotografia.

Pela sua experiência profissional na área de fotografia, é possível perceber que algumas pessoas são referência, porém, há pessoas que realizam a mesma atividade e não conseguem conquistar êxito, satisfação e prosperidade. Isso ocorre por quê?

Eu fico triste quando ouço pessoas falarem que arte não é profissão. Se você se dedicar em qualquer arte, você se destaca, ganha dinheiro e, principalmente, sente cada vez mais a vontade de fazer melhor. Um vizinho do meu pai sempre dizia: se você quer ser um pipoqueiro, aprimore seu trabalho, dedique-se e seja o melhor pipoqueiro. Acredito que essas pessoas são referência por aplicarem cinco fórmulas nas suas vidas: amor, aptidão, talento, dedicação e estudo. Quando você ama, não há limite. Quer sempre mais e mais a perfeição.

Com que frequência você participa de cursos, realiza treinamento e estuda para conseguir aprimorar suas competências e conquistar êxito no trabalho que desenvolve? De que maneira as oportunidades surgem na sua vida?

Eu digo que estudo todo dia. Sobre toda pessoa que vou fotografar, realizo antecipadamente uma pesquisa, para obter o máximo de informações possíveis. Tenho de saber com quem vou trabalhar. Busco criar um roteiro com algumas características marcantes do que vou fotografar para contribuir com o resultado final. Acredito que estudo todos os dias, pois me importo com a pessoa que vou fotografar, buscando deixá-la satisfeita com o resultado final. Darei um exemplo. Eu não sou maquiadora profissional, mas faço vários cursos de maquiagem para saber quais as tendências, o que há de mais atualizado e quais os novos produtos na área. Se para cada olho humano há um tipo de maquiagem, para cada *book fotográfico* há uma individualidade. Acredito que as oportunidades surgem pela competência em fazer cada vez melhor, em buscar o perfil do cliente e fazer do atendimento mais um diferencial do meu trabalho, para fazer as fotos terem naturalidade diante da sensibilidade dos recursos técnicos. Gosto, por exemplo, de usar músicas no *set* enquanto realizo um trabalho fotográfico. Não somente para descontrair o modelo ou a modelo que estou fotografando, mas também para tornar o ambiente o mais agradável possível. Acredito que a soma dos pequenos detalhes é fundamental para conquistar excelência no resultado. Depois das fotos no *set*, há ainda um longo trabalho diante do computador para tratar e editar cada fotografia, com o objetivo de ampliar as possibilidades da emoção. Eu não posso esquecer jamais que a fotografia é emoção, e como fotógrafa, sou responsável por essa emoção.

O que uma fotógrafa de sucesso e uma pessoa apaixonada pelo que faz têm em comum, levando em consideração a iniciativa, o comprometimento e a determinação de aproveitar as oportunidades que a vida apresenta? Que segredo a Andrea Schaefer possui para ser constantemente uma mulher apaixonada pelo que faz?

Acredito que todas as partes que envolvem a fotografia precisam ser trabalhadas. Ver o meu material publicado em um outdoor me deixa abundantemente feliz. Observar uma fotografia na capa de uma revista é um presente de todo o meu esforço profissional. Presenciar um dj premiado com a capa de um cd que eu fotografei é uma realização pessoal. Ouvir que as fotografias que fazem parte do catálogo institucional de uma empresa estão contribuindo no aumento do volume de vendas é um reconhecimento. A arte de capturar imagens não se limita ao *set* fotográfico, mas está relacionada ao conhecimento do profissional, da relação com o objeto ou com a pessoa a ser fotografada, com a luz e com os cenários. Saber que pessoas com quem nunca tive contato na vida falam e escrevem que são meus fãs é um verdadeiro orgulho. Sei que tenho falhas, mas tenho humildade para saber que tenho muito que aprender. Quando outro profissional da área de fotografia liga, ou envia um e-mail, para dizer que determinada fotografia ficou perfeita, é muito gratificante. O segredo que a Andrea Schaefer tem é que ela trabalha diariamente com amor. Quando você faz com amor, o trabalho não se torna pesado, nem mesmo uma obrigação.

Em um passe de mágica, se pudesse viajar de volta 10 anos, que conselho a Andrea Schaefer daria a si mesma sobre a escolha de fazer do trabalho uma tortura, ou a oportunidade de fazer do trabalho uma satisfação?

Eu diria para acreditar mais. O começo de toda carreira profissional é difícil, mas, com o passar do tempo, as realizações ocorrem. Tem gente que coloca a câmera no pescoço e diz ser fotógrafa, mas desconhece todo o processo necessário para conquistar, realizar, elaborar e produzir uma excelente fotografia. Se pudesse viajar de volta 10 anos no tempo, eu acreditaria ainda mais que a pessoa apaixonada pelo que faz não perde tempo com intrigas, não desperdiça o precioso tempo com pessoas negativas. Se pudesse viajar de volta 10 anos no tempo, eu passaria a olhar o novo, como oportunidade para inovar, superar obstáculos, criar e avançar em direção ao que amo fazer. Há pessoas que fazem do trabalho uma tortura por não acreditarem em si e aceitam ser profissionais medíocres. Não acreditam no seu potencial e não buscam a excelência no que realizam.

PAULO STORANI

> **"Se eu voltasse 10 anos atrás, daria para mim mesmo o conselho que me deram quando concluí o treinamento do BOPE: Vá e Vença! Que por vencido não o conheçam."**

Secretário Municipal de Segurança Pública de São Gonçalo - RJ (2006/2010), Capitão da Reserva do Batalhão de Operações Especiais da PM do Rio de Janeiro (BOPE), especialista em segurança pública.

Foi consultor de operações especiais do longa-metragem Tropa de Elite, dirigido por José Padilha.

Atuou de maneira expressiva como diretor de Recursos Humanos da Guarda Municipal do Rio de Janeiro (2001/2005) e foi assessor especial da Secretaria Rio 2007 para os Jogos Pan-Americanos.

Graduado pela Escola de Formação de Oficiais da PMERJ (1985) e em Educação Física pela Escola de Educação Física da Polícia Militar do Estado de São Paulo (1988). Pós-graduado em Treinamento Físico na Universidade Gama Filho (2000), em Gestão de Recursos Humanos (2002) e em Administração Pública pela Fundação Getulio Vargas (2004). É Mestre em Antropologia Social pela Universidade Federal Fluminense - UFF (2007), com dissertação sobre o BOPE.

Pela sua experiência militar, você observa que algumas pessoas são destaque e referência no trabalho que realizam, entretanto, outras pessoas, realizando o mesmo trabalho não conseguem conquistar êxito e prosperidade. Como uma pessoa apaixonada pelo seu trabalho pode deixar de ser convencional na sua atividade? Como se tornar no dia a dia uma pessoa integrante da operação especial "caveira"?

Se você não conseguiu, em algum momento de sua vida, trabalhar em algo capaz de lhe proporcionar satisfação, você deve buscar satisfação no trabalho que esteja realizando agora. Assumir o compromisso de cumprir a missão que é deixar de ser um "convencional" e ser um "operação especial", um "caveira", com a missão de transformar crise em oportunidade.

O que preocupa um general em guerra não é necessariamente a falta de alimento, armas e munições, mas o abatimento do moral de seus soldados. Quando todas as forças intelectuais, físicas e morais estiverem deprimidas, ainda há uma força capaz de operar um esforço para superar desafios. Qual sua explicação para pessoas que, durante muito tempo, permanecem em uma zona de conforto e não são capazes de superar os próprios limites?

O ser humano, de uma forma geral, gosta de conforto, não gosta de problemas ou qualquer situação que o obrigue a sair da rotina que ele conhece, acha que domina e para o qual possui, supostamente, todas as respostas. Nessa condição, as exigências físicas, psíquicas e intelectuais são razoáveis e exigem pouco de cada um. Se não aguentou e não se adequou não há problema algum! É só pedir para sair! Procure algum lugar em que seja feliz! Contudo é na anormalidade que conhecemos aqueles que são capazes de enfrentar grandes desafios e vencer. Na crise, passamos a conhecer os nossos verdadeiros limites e esse estado proporciona a oportunidade de nos pôr à prova, marcando profundamente nossa história: valorizando-nos como profissionais de ponta, no caso de sucesso, ou rotulando como convencionais, na mediocridade, no caso do fracasso.

Como especialista em segurança pública, a resiliência está diariamente presente. No cenário corporativo, seja na atuação como empresário, líder, gestor ou colaborador, qual sua estratégia para saber resistir às pressões? Seria mais prático adotar a famosa frase "pede pra sair"?

Algumas pessoas funcionam muito bem sob pressão, pois, diante do impacto inicial do nível de exigência extrema de uma determinada situação, elas são capazes de se estruturar e partir para a ação, diagnosticando, formando equipe, planejando, executando e avaliando os resultados. "Aprendem" a aprender com os acertos e, mais ainda, com os erros. O treinamento é um ingrediente que potencializa as habilidades humanas. Entretanto, por melhor que seja o treinamento, se a pessoa não contar com o perfil do negócio, não irá conseguir apresentar o diferencial necessário e requerido para mostrar resultados. Além da pessoa, é fundamental o trabalho em equipe. A liderança precisa influenciar os liderados a acreditar na empresa. Um líder precisa contar com espírito positivo para contagiar o outro e criar uma energia de confiabilidade e superação. Contudo, outras pessoas despreparadas ou acostumadas com a rotina, quando se defrontam com um cenário extremo, entram em pânico ou estado de choque. Essa situação é agravada pela possibilidade de contágio desse comportamento para a equipe, o que resulta em caos, quando você é o responsável pelo trabalho. De qualquer forma, não se resiste à pressão, pois ela faz parte do cotidiano e deve ser, na verdade, transformada em motivo para a ação - Motivação. Quem não entende esse pressuposto sucumbe: pede para sair.

O jargão do BOPE "missão dada é missão cumprida" pode ser aplicado a qualquer organização? De que maneira uma empresa não pode abandonar sua missão organizacional?

Essa máxima significa que, ao passar pelo rígido processo de seleção e treinamento do BOPE, passando a ser considerado um "caveira". Ao receber uma missão, deve assumir o compromisso de cumpri-la, seja qual for o cenário. Tal condição é aplicável a qualquer organização, pois "missão" é a razão da própria existência dela e de nós mesmos. Considero três pressupostos essenciais para não abandonar a missão: seleção rígida, treinamento e controle de desempenho. Estes três pressupostos são aplicados no batalhão de operações especiais e também podem ser utilizados pela iniciativa privada, principalmente naquelas empresas que trabalham muito com meta e busca por constantes resultados.

Em um passe de mágica, se pudesse viajar de volta 10 anos, que conselho o próprio Paulo Storani daria a si mesmo sobre o relacionamento humano com a família, com os amigos e sobre sua paixão pelo trabalho?

No curso de Operações Especiais do BOPE, no treinamento que prepara os "caveiras", somos levados a valorizar a organização, a equipe e a família, pois por elas é que combatemos. Construir boas relações nessas três dimensões significa criar a motivação necessária para cumprir qualquer tarefa. Voltar para casa, para junto da família, com a missão cumprida, é uma das principais representações simbólicas do BOPE, é o que chamo de "princípio da relevância do trabalho". Se eu voltasse 10 anos atrás, daria para mim mesmo o conselho que me deram quando concluí o treinamento do BOPE: "Vá e Vença! Que por vencido não o conheçam." É o que sigo até hoje.

DICAS MÁGICAS

- **Defina o que você realmente quer e não o que os outros dizem que deveria querer. Quando voce realmente faz algo de que gosta, há perfeição.**
- **Disponibilize energia positiva para fazer o seu trabalho com paixão, para que a vontade de vencer esteja sempre viva no seu interior.**
- **O trabalho como tortura é um ciclo vicioso, com escassez de descobertas, acomodação de inovações e ausência de comprometimento.**
- **Capacidade para aprender, ouvir e coragem para desenvolver habilidades são fundamentais para pessoas que desejam êxito nos planos e ações.**
- **Descubra na essência da vida a oportunidade para despertar valores pessoais e transformar cada dia como único.**
- **Se você não disser "não" para algumas coisas, vai acabar fazendo tudo. E, quando deseja fazer tudo, algo sempre fica por ser feito.**

PARTE 2

COMPETÊNCIA

COMPETÊNCIA:
Dom ou desenvolvimento?

"Eles ergueram a Torre de Babel para escalar o céu. Mas Deus não estava lá! Estava ali mesmo, entre eles, ajudando a construir a Torre."

Mário Quintana

1906/1994

Ao ser indagado sobre o motivo do seu levantar diário, um trabalhador respondeu: é pelo pão! E assim disse com voz triste, como um ser humano que labuta em uma função infeliz. Talvez a repetição de ações mecânicas tenha tolhido a capacidade de perceber suas múltiplas habilidades físicas, intelectuais, emocionais e até as que os sábios ainda não ousaram definir.

Provavelmente, a negação prematura da sua identidade criativa tenha sido responsável pelo enrijecimento ocular - sim, a retina projeta as vontades do ser - causador do conformismo e da falta de perspectiva. O semblante cansado refletia em tudo, no andar, no falar e, principalmente, na incapacidade de acreditar em si para as mínimas coisas.

Escondia-se na má postura de derrotado, não por falta de escolha, mas por falta de **ENTUSIASMO**. Emprego ele poderia trocar, mas o humor, esse não mudaria sem o seu consentimento.

O problema do trabalhador não era falta de outra oportunidade, mas sim a não valorização da mesma. Preferiu a autopiedade conformista em detrimento da consciência de que o trabalho é bem mais do que apenas ganhar o pão, é ser o próprio pão: alimento para o corpo, para a alma e para o mundo!

***Máxima**: Quem trabalha apenas para obter, perde a oportunidade impar de tornar-se e ser!*

Adriana de Souza

Você percebeu, por meio da construção do conteúdo do primeiro capítulo do livro, bem como nos depoimentos relatados nas três entrevistas anteriores, que, para aproveitar as oportunidades e conquistar o sucesso, indiferentemente da área de atuação, é necessária a aplicabilidade de cinco essenciais ações.

1 Aproveitar a oportunidade de ensinar e de estar disponível para servir com sabedoria e paciência, ao crescimento de outro colega de trabalho;

2 Ser apaixonado pelo que se faz, com a missão de ser feliz e de transformar o trabalho em uma fonte de felicidade e satisfação;

3 Desenvolver diariamente as competências, com o agrupamento de conhecimentos, habilidades e atitudes, correlacionados ao seu desempenho;

4 Não fazer do trabalho uma tortura e descobrir, em cada oportunidade, um momento de encontro da alegria com a satisfação;

5 Perceber a satisfação existente na capacidade em trabalhar com confiança, dedicação e constante aprendizagem.

Para iniciar este segundo capítulo do livro, apresento a história de um pai que todos os dias, ao chegar a casa após o trabalho, presenciava o filho sair para ir ao vizinho. Depois de repetidas vezes acompanhando esse acontecimento, o pai passou a ficar preocupado. Desconfiado dessa situação, decidiu seguir o filho, após sua chegada do trabalho, investigar o que realmente poderia estar ocorrendo.

Em um determinado dia, após chegar à sua residência, como de costume, novamente ouviu o filho dizer que iria à casa do vizinho. Decidiu segui-lo!

O empresário chegou à casa do vizinho, passou pelo portão, caminhou com passos lentos pelo jardim, ouviu um barulho de música e pensou: "Que estranho! Meu filho vem para a casa do vizinho ouvir música?"

Para sua surpresa, ao aproximar-se da janela, constatou o que seu filho realmente fazia. Com os olhos arregalados, observou seu próprio filho dançar, pular, correr e brincar na sala da casa do vizinho.

Assustado, o empresário ficou parado por alguns instantes. Atento, observou a cena, quando, de repente, percebeu que juntos, seu filho e o vizinho seguiam sorrindo para a garagem da casa. Cada um pegou sua bicicleta e saíram felizes para passear.

Essa cena marcou a vida e o coração desse conceituado empresário, que começou, nesse exato momento, a chorar. Passou um filme em sua mente, e constatou que, em virtude da agitação diária, acreditava ser um bom pai, principalmente por oferecer casa, conforto, escola e mesada todos os meses. Mas, com os olhos repletos de lágrimas, percebeu que deixou de ser um ídolo para o seu próprio filho.

Era um gestor com competência na empresa, entretanto, na família e na sua rede de relacionamentos, não conseguiu praticar a interação necessária para a construção de um equilíbrio harmonioso.

Foi somente a partir desse dia que esse empresário decidiu tomar uma importante decisão. Ele assumiria trabalhar o equilíbrio pessoal e profissional.

Percebeu que era necessário tomar uma atitude enérgica para reconquistar a aproximação com o filho e, assim, decidiu que dentre suas competências, deixaria de ser um pai ausente para se transformar em um ídolo para seu próprio filho.

E você? Acredita que as pessoas à sua volta observam suas competências?

SUA FAMÍLIA TEM VOCÊ COMO UM ÍDOLO?

> **"Os profissionais são contratados pela competência apresentada no currículo e demitidos pelo comportamento apresentado nas atitudes diárias."**

O ambiente organizacional permite expandir diversas áreas da gestão de pessoas com o objetivo de gerar resultados coesos de habilidades e fortalecer competências necessárias para a ascensão de práticas inovadoras no desenvolvimento pessoal e profissional.

A flexibilidade, comprometimento, consistência, customização e a valorização do conhecimento passam a ser exigências essenciais no ambiente de trabalho, nas mais diversas empresas. Competências adequadas e identificadas ao perfil profissional proporcionam às empresas superar desafios e posicionamentos cada vez mais competitivos.

A diversidade ganha espaço como fonte de inovação, e as organizações, indiferentemente do seu tamanho e localização, precisam apoiar-se nas pessoas como base do processo inovador. Nesse sentido, passa a ser necessário compreender, neste capítulo, as distintas definições do modelo inovador, sistema de gestão e abordagens sobre competências.

O QUE É COMPETÊNCIA?

A palavra competência, no fim da Idade Média, era essencialmente associada à linguagem jurídica e dizia respeito à faculdade atribuída a alguém ou a uma instituição para apreciar e julgar certas questões. Por extensão, o termo passou a designar o reconhecimento social sobre a capacidade de alguém se pronunciar a respeito de determinado assunto.

Posteriormente, a palavra competência passou a ser usada para qualificar o indivíduo que dispõe de capacidade para realizar com êxito determinada tarefa.

Em outro momento, a expressão competência designou reconhecimento social sobre a capacidade de desempenhar tarefas, ou seja, fazer na prática o que necessariamente precisa ser feito.

Com base nos estudos desenvolvidos durante as décadas de 70 e 80, em 24 países, Spencer e Spencer (1993, pág. 30) apresentam que a competência é "o conjunto de qualificações que a pessoa tem para executar um trabalho, com um nível superior de desempenho, sendo classificadas em dois tipos: visíveis e ocultas. Com base nesse enfoque, as competências podem ser previstas e estruturadas de modo a se estabelecer um conjunto ideal de qualificações, para que a pessoa desenvolva um desempenho superior em seu trabalho".

Conhecimentos	**Conhecimentos gerais, teóricos e operacionais.**
Habilidades	**Habilidades na área operacional e experiencial.**
Atitudes	**Atributos relacionados a aspectos pessoais e relacionais.**
Recursos fisiológicos	**Energia, disposição, capacidade de superar os desafios.**
Recursos do ambiente	**Sistemas de informação, banco de dados.**

Perceba, no quadro anterior, que para desenvolver competência, não há espaço para o comodismo. É necessário considerar a relação entre o conhecimento e o processo de aprendizagem. Essa consideração de romper o comodismo ratifica a ação de encontrar os diferentes tipos de aprendizagem essenciais para as mais diversas situações de trabalho. Quando uma pessoa percebe os benefícios existentes na ligação direta do fazer bem com o desenvolvimento da competência, conquista como resultado a superação de desafios. Mas é fundamental lembrar que, para superar os próprios desafios, é importante compreender os limites da competência individual, da equipe e da organização.

VOCÊ RECORDA DO FILME TITANIC?

Certamente, após assistir a esse clássico do cinema, você poderá perceber o quanto a competência está relacionada com o saber fazer. O capitão do Titanic declarou, uma semana antes do maior naufrágio da história, que o navio era insubmersível. Que competências asseguravam ao capitão Edward Smith, da empresa White Starline, proprietária do navio, essa afirmação?

A resposta para a pergunta pode ser encontrada no próprio filme. Após a última parada em Queenstown, o Titanic seguiu viagem pelos mares do Atlântico. A viagem transcorreu com tranquilidade durante os quatro dias e, mesmo com avisos de outros navios sobre a existência de icebergs na rota de destino, o capitão Edward Smith não se importou.

Afirmava que o navio era grande demais para ser abatido por um iceberg. Desconhecendo as competências incorporadas sob a forma de conhecimentos tácitos e explícitos, sistemas e procedimentos de trabalho, o navio navegou com velocidade máxima de 40km/h, com o objetivo de chegar à cidade de Nova Iorque, em menos de uma semana do tempo previsto.

Houve competência no projeto e na construção do navio? Ocorreu competência nos detalhes para o embarque dos passageiros? Existiu um saber agir responsável? Houve um repertório de conhecimentos e habilidades para evitar o acidente? Todas essas perguntas merecem respostas, mas perceba que houve imperícia na velocidade do navio Titanic e arrogância de alguns líderes. Depois, a atividade dos vigilantes em informar sobre a existência de *icebergs*, ocorreu com significativo atraso.

Como resultado negativo, abandonou-se drasticamente a dimensão técnica do conhecimento adquirido, não se conquistou a meta esperada, levou-se tristeza a milhões de pessoas e não se permitiu estabelecer um importante grau de competência.

"A ausência de competência faz com que o Titanic do seu sonho siga para o fundo do mar."

Para que a competência ocorra na prática, passa a ser relevante observar os estudos que o sociólogo e professor Philippe Zarifian enfatiza no livro "O Modelo de Competência". Nessa obra, o autor define competência como a ação de "tomar a iniciativa e o aspecto de assumir a responsabilidade diante de situações profissionais com as quais se depara. Seguir além das atividades prescritas, sendo responsável e reconhecido pelo trabalho realizado".

As competências que uma organização deve possuir e necessita desenvolver diariamente, de acordo com os estudos realizados pelo sociólogo Philippe Zarifian, são as seguintes:

CINCO COMPETÊNCIAS ESSENCIAIS	
Competências	**Descrição**
Processos	Os conhecimentos sobre o processo de trabalho;
Técnicas	Conhecimentos específicos sobre o trabalho que deve ser realizado;
Organização	Saber organizar os fluxos de trabalho;
Serviço	Aliar a competência técnica à pergunta: Qual o impacto que este produto ou serviço terá até o consumidor final?
Sociais	O autor identifica três domínios dessas competências: autonomia, responsabilização e comunicação

Philippe Zarifian (2001, p.95) destaca em seus estudos que a mobilização de competências na atividade profissional é uma importante geradora de valor econômico para a empresa. Para o indivíduo, passa a ser uma importante ferramenta de valor social. O desafio consiste em fazer com que a organização seja não apenas qualificada e competitiva, mas também ofereça oportunidades de crescimento para os indivíduos.

COMO APLICAR ESSAS CINCO COMPETÊNCIAS?

Apresentei uma palestra no nordeste do Brasil durante a realização de uma importante convenção anual de vendas, para uma empresa do segmento metalúrgico. Nesse evento, percebi o quanto as cinco competências apresentadas por Philippe Zarifian são encontradas em nosso cotidiano.

Antes de subir ao palco para minha apresentação, acompanhei a cerimônia de premiação dos campeões de vendas e aprendi algo que quero compartilhar com você. Bastante emocionado, o campeão de vendas, segurando o grande troféu, fez vários agradecimentos. Destacou que aquela conquista era o resultado de inúmeros profissionais que, de maneira direta e indireta, contribuíram para a homenagem e o merecido reconhecimento.

Relatou que absolutamente nada teria validade para ele como profissional de vendas, em ser uma ponte de acesso entre a empresa e o cliente, se o motorista não disponibilizasse de essenciais competências para executar essa tarefa. Se, por exemplo, o departamento de crédito não contasse com competências tecnológicas para acelerar o processo de avaliação e baixa de títulos. Se o departamento de recursos humanos não contasse com competências para adquirir e contratar os melhores profissionais para fazer parte do time da empresa.

No final, olhou para o grande time de representantes comerciais e perguntou: "Quem de vocês, no próximo ano, deseja estar aqui no meu lugar para receber um troféu como este?". Todos os braços erguidos, com fortes gritos confirmaram o desejo.

Em seguida, o campeão de vendas disse: "Parabéns! Todos vocês podem estar aqui no próximo ano. Mas não esqueçam que eu também quero voltar com maior competência, com mais coragem, com mais inovação, com mais comprometimento e com mais espírito de equipe para competir com vocês". Com convicção, concluiu o discurso com esta frase: "Aprimorem suas competências, que a vitória é exclusiva para os fortes".

> **"Você não conseguirá demonstrar suas essências e competências ao jogar futsal de chuteira ou jogar futebol de campo com patins."**

Para esse profissional de vendas, a competência não está limitada unicamente em receber o troféu, mas requer estímulos em continuamente aprimorar as habilidades, desenvolver o processo de aprendizagem e intensificar o esforço coletivo de superar desafios.

Para que a competência ocorra será necessário o entendimento e a prática diária de algo chamado "cooperação". A pesquisadora Claudia Bitencourt (2001, p. 230) reforça que a competência é um "processo articulado de formação com o desenvolvimento de conhecimentos, habilidades e atitudes , no qual o indivíduo é responsável pela construção e consolidação com outras pessoas no ambiente de trabalho, na família e em grupos sociais, aprimorando a capacitação, o valor às atividades da organização, da sociedade e de si próprio".

SUA EQUIPE DE TRABALHO CONTA COM COOPERAÇÃO OU DIARIAMENTE COMPETE ENTRE SI?

Sua empresa valoriza o trabalho coletivo, ou cada integrante usa um bracelete de capitão da equipe adversária? Há cooperação ou, de forma negativa e improdutiva, há o objetivo de prejudicar seu resultado e sua estratégia de atuação?

Você consolida com outras pessoas, no ambiente de trabalho e na família, suas competências? Sua família vibra por suas competências?

A história do pai e do filho que apresentei no começo deste capítulo reforça o quanto é preciso manter um equilíbrio entre as competências profissionais e pessoais. De nada adianta ser um exímio profissional ao abandonar a oportunidade de ser um ídolo para seus familiares. Competência requer o compromisso de compartilhar suas conquistas, vitórias e seus prêmios não só com você, mas também com as pessoas que estão à sua volta.

Nesse sentido, os resultados de uma equipe passam a ser favoráveis ao fortalecimento das competências quando há cooperação. É como uma dupla que joga *frescobol* na praia. Cada um assume o compromisso de repassar a bola o mais próximo possível para facilitar o jogo do outro. Compreende que, se jogar mal a bola, o parceiro terá dificuldades de repassá-la de volta e, como consequência, haverá prejuízo para a dupla.

"O profissional com competência percebe que a vida é feita de oportunidades, repletas de derrotas e vitórias. Com as dificuldades aprende, desenvolve habilidades e supera desafios. Com as conquistas, jamais aceita ser o mesmo que antes."

Certa vez, participei de uma entrevista em um programa de televisão. Dentre as várias perguntas realizadas, a jornalista perguntou-me:

ONDE ESTÁ LOCALIZADA A ESSÊNCIA DA COMPETÊNCIA?

Respondi que a essência da competência está localizada na ação de **prometer menos** e **fazer mais**. De nada adianta realizar um exímio discurso, se na prática não há resultados.

Para conquistar novos mercados, expandir a área de atuação, alcançar objetivos e superar desafios, profissionais de diversos segmentos encontram inúmeras dificuldades em assumir o compromisso de promessas realizadas.

Há profissionais de vendas que prometem vender mais. Estudantes que prometem melhores notas na faculdade. Mulheres que prometem emagrecer. Homens que prometem participar mais ativamente da família. Gerentes, líderes, supervisores e empresários que prometem melhorar o clima organizacional no ambiente de trabalho. Existem pessoas que prometem muito, mas que, em seu cotidiano, esquecem o que foi acordado.

Mas, quando você dispõe de um planejamento definido e busca inserir determinação e força de vontade, o resultado aparece de forma surpreendente. Para um empreendedor, o planejamento é um passo essencial para a idealização do projeto e pode contribuir de maneira significativa para traçar um plano de expansão e identificar o mercado de atuação.

Para um profissional de vendas, o planejamento pode contribuir com a economia da conta telefônica e do combustível, permitindo o fortalecimento de ações estratégicas junto aos seus clientes. Para um acadêmico, o planejamento permite estruturar um cronograma sistemático das atividades a serem realizadas durante a elaboração de uma monografia ou o trabalho de conclusão de curso.

Quem não constrói um planejamento, corre o risco de perder excelentes oportunidades, pois promete algo que posteriormente acarretará em desgastes financeiros, físicos e emocionais. O que seria de um professor em sala de aula, sem um plano de ensino, com um planejamento das atividades que deseja realizar?

Qualquer meta não pode ser uma miragem, mas precisa ser uma realidade. Para coibir que promessas sejam apenas palavras soltas ao vento é imprescindível fortalecer o planejamento e intensificar o desejo de fazer acontecer, ultrapassando o limite do comodismo e das justificativas. Um sonho que permanece somente na mente acaba sendo esquecido por falta de revitalização.

O QUE OUVIMOS DE PESSOAS QUE PROMETEM E NADA FAZEM?

"Pessoas que prometem e nada fazem somente descrevem uma palavra para justificar suas falhas: desculpas."

Pare e pense por alguns instantes. Você tem competência para realizar as atividades que assume fazer? Você assume seus compromissos? Ostenta as promessas realizadas?

Acredito que uma das pedras angulares da integridade dos indivíduos é a própria palavra. A promessa de um trabalhador de que um determinado projeto ficará concluído, em duas semanas, pode ser facilmente prejudicada, quando a promessa é mais expressiva do que a ação.

O efeito nocivo de uma promessa que não é realizada é a ausência de competência individual e do grupo. Causam-se desgastes nos relacionamentos entre os demais empregados, porque necessitam acumular funções, aumentar a jornada de trabalho e dispor de maiores recursos financeiros.

Observe que, ao honrar sua palavra de certeza e não cumprir o acordado, os relacionamentos pessoais e interpessoais são prejudicados, e a confiança desaparece. A base essencial de honrar compromissos reflete em uma conduta ética e demonstra, na prática, além do profissionalismo, a competência individual.

Quando um compromisso assumido não é honrado, acaba-se gerando a ação de enfraquecer as competências específicas da organização a curto, médio e a longo prazo perante um cliente ou fornecedor.

> **"A soma de competência e experiência, multiplicada pela atitude proativa para superar os desafios, oferecerá como resultado o sucesso."**

Para inúmeras pessoas, 31 de dezembro é uma data comemorativa. Obrigações assumidas somente naquele determinado momento, mas que, em curto espaço de tempo, serão esquecidas. Você conhece alguém que no dia 31 de dezembro prometeu algo e certamente não realizou?

Quando realizo um processo de seleção, além de estudar o perfil comportamental, busco conhecer também as competências comprovadas, o compromisso em cumprir prazos estabelecidos e a busca em desenvolver na prática essas competências.

Afirmo isso, pois a falta de competência oferecerá um resultado negativo, não somente para a pessoa, mas para toda a minha equipe no escritório, que assume o compromisso de desviar o foco no negócio e atenção em outras tarefas, para direcionar o tempo e colocar a pessoa no perfil da minha empresa.

Lembro que realizei, em certa ocasião, a leitura da seguinte frase no para-choque de um caminhão:

Note que interessante o pensamento desse caminhoneiro. Com certeza é um profissional que faz do caminhão seu instrumento de sonhos, ou usa o caminhão como um trampolim para transformar sonhos em realidades.

SEU TRABALHO TAMBÉM É REALIZADOR DE SONHOS?

Há pessoas que, ao contrário de valorizar o trabalho como uma oportunidade de crescimento, optam em viver de maneira improdutiva, triste e desorganizada. Porém existem pessoas que aproveitam cada oportunidade da vida para intensificar o trabalho e fazer deste uma mola propulsora de alegria, satisfação e bem viver.

Nesse sentido, quero que você perceba que competência requer executar uma atividade com conhecimento, habilidade e atitude. Exige o contínuo compromisso de assumir o que foi acordado. Demanda fazer uma atividade e fazê-la muito bem feita.

Mas você pode dizer assim: Dalmir, mas como aplicar competência em um ambiente de pressão, com um clima intenso de competição e uma liderança autoritária? Como aplicar competência, quando a cortesia e a cordialidade são substituídas pela arrogância?

Para responder a essas perguntas, recordo-me que, no artigo "The Core Competence of the Corporation", publicado na *Havard Business Review* (1999, p.79), os autores C.K Prahalad e Gary Hamel indicam o quanto uma organização pode dispor de capacidade para desenvolver vantagens competitivas diante da concorrência e superar ambientes turbulentos e altamente competitivos. De acordo com os autores, para dispor dessa capacidade competitiva, será necessário uma ampla utilidade por meio de "core competence" (competência específica da organização), com algo difícil de ser imitado pelos concorrentes, mesmo com uma harmonização complexa de tecnologias individuais ou de mudanças constantes nas habilidades de produção industrial ou na prestação de serviços.

Perceba que, no seu trabalho, seja no primeiro, segundo ou no terceiro setor da economia, a competência passa a ser um repertório fundamental. O conhecimento sobre as atividades desenvolvidas amplia importantes diferenciais competitivos sobre a concorrência, além de fortalecer as habilidades da qualificação profissional por meio da aprendizagem, que estão diretamente associadas com a valorização da capacidade de comunicação verbal, oral e visual.

Ao ampliar o conhecimento sobre as atividades realizadas no seu trabalho, a competência demonstrada passa a ser visualizada como realização de tarefas executadas com maior qualidade, poder de precisão e cumprimento de prazos estabelecidos, sem desmerecer ou desvalorizar as atribuições que o cargo requer.

No livro *The Managed Heart*, Arlie Hochschild (1983, p. 127) relata a cena ocorrida no interior de uma aeronave, quando "um jovem executivo disse à comissária de bordo: Por que você não está sorrindo? Ela, de maneira agressiva, colocou a bandeja no carrinho e respondeu: Eu lhe digo por quê! Você sorri primeiro, e depois eu sorrio! O executivo, então sorriu para ela. Muito bem, ela respondeu. Agora, congele este sorriso e o segure por oito horas. Isso eu sou obrigada a fazer todos os dias, mesmo não gostando do que eu faço".

Para conquistar as competências individuais, passa ser necessário o encontro da oportunidade com a satisfação com o trabalho realizado, pois o desenvolvimento das competências profissionais consiste na ação de acreditar no processo de inovação, de integração e em fortalecer o interesse no processo contínuo de aprendizagem.

Em perspectiva contrária à resposta da aeromoça, a *Walt Disney World* orienta seus novos trabalhadores sobre os modos para apresentar o trabalho. Enfatiza, de maneira participativa e dinâmica, que "primeiramente, praticamos um sorriso amável em todos os momentos com os nossos convidados e entre nós. Segundo, usamos frases corteses e amáveis, como: posso ajudá-lo, por favor, tenha um bom dia, aproveite sua estada e muitas outras que são parte do nosso vocabulário de trabalho" (Walt Disney Productions, 1982, p.06).

Perceba que, para intensificar a competência, a aplicabilidade da conduta afetiva por meio da relação de identificação com o trabalho realizado passa a ser um ingrediente mágico para fortalecer manifestações de amabilidade, simpatia e cortesia.

"Se a única ferramenta que você tem é um martelo, sua tendência vai ser encarar todos os problemas com pregos."

Abraham Maslow
(1908/1970)

ABANDONE AS DESCULPAS E APRESENTE RESULTADOS

A ausência de uma atividade física é justificada com desculpas. Um jardim não recebe manutenção e melhores cuidados em virtude da falta de tempo. Alunos em uma universidade usam inúmeras justificativas para compensar a não entrega de um trabalho. Desculpas não faltam, não é mesmo?

Com base na minha experiência e pesquisas sobre o comportamento humano, acredito que nenhuma pessoa seja tão calma diariamente, que não permita ficar nervosa, nem mesmo, seja tão agitada, que não possa encontrar a tranquilidade.

Interessante é observar que desculpas não fazem você uma pessoa vitoriosa. Sentimentos como bom humor, coragem, energia positiva, felicidade e otimismo são essenciais para quem deseja substituir desculpas por resultados.

Quando apresento palestras para líderes e executivos, procuro mostrar que as desculpas podem ser minimizadas quando há uma participação de um maior número de pessoas, na estruturação de metas e desafios na organização.

Enfatizo que é difícil uma pessoa resistir a mudanças ou justificar falta de conhecimento, quando tenha participado do processo de elaboração de uma meta. Há um provérbio alemão que diz: "O medo e uma desculpa fazem o lobo ser maior do que realmente é na realidade".

Você se recorda de uma brincadeira de palavras, usada por professores e profissionais da área de oratória, para exercitar a pronúncia da letra R?

"O rato roeu a rica roupa do
rei de Roma, e a rainha raivosa
rasgou o resto."

Na minha infância, lembro que minha amada avó Nailde Nogueira costumava brincar comigo, com um jogo usando os dias da semana, para exercitar a pronúncia de palavras, dicção e memorização. O jogo era assim:

*"A **segunda** mandou a **terça***
*na casa da **quarta**, perguntar para*
*a **quinta** se ela ouviu a **sexta** comentar com*
*o **sábado** que o **domingo*** não era dia santo.
*O **domingo*** não era dia santo, pois
*o **sábado** comentou com a **sexta** que*

havia um erro no calendário, por isso

*a **quinta** disse, ao voltar da casa da **quarta**,*

*que a **terça** deveria responder para*

*a **segunda** que muitos dias queriam*

se tornar dias santos."

Ao aplicar competência no que realizamos, é necessário conquistar consistência, flexibilidade e, gradativamente, surpreender a si e as pessoas à nossa volta. Um desafio consiste em fazer com que as sombras da incerteza, do mau humor e da insatisfação sejam substituídas por luzes de certeza, bom humor e satisfação. E, para ratificar essa reflexão, quero compartilhar com você uma mensagem que recebi pela internet. Veja o que é possível fazer com o uso de palavras que começam com a letra "P".

Pedro Paulo Pereira Pinto, pequeno pintor português, pintava portas, paredes, portais. Porém pediu para parar porque preferiu pintar panfletos. Partindo para Piracicaba, pintou prateleiras para poder progredir.

Posteriormente, partiu para Pirapora. Pernoitando, prosseguiu para Paranavaí, pois pretendia praticar pinturas. Porém, pouco praticou, porque Padre Paulo pediu para pintar pratos para poder pagar promessas.

Preferiu partir para Portugal para pedir permissão para permanecer praticando pinturas, preferindo, portanto Paris.

Partindo para Paris, passou pelos Pirineus. Pareciam plácidos, porém, pesaroso, percebeu penhascos pedregosos, perigosas pedras pareciam precipitar-se principalmente pelo Pico, porque pastores passavam pelas picadas para pedirem pousada, provocando provavelmente pequenas perfurações, pois, pelo passo percorriam, permanentemente, possantes potrancas.

Pediu permissão para pintar palácios pomposos, procurando pontos pitorescos, pois, para pintar pobreza, precisaria percorrer pontos perigosos, pestilentos, perniciosos, preferindo Pedro Paulo precaver-se.

Pegando pedro Paulo pelo pulso, partiu prontamente, para praticar profissão perfeita: pedreiro! Passando pela ponte, precisaram pescar para poderem prosseguir peregrinando.

Primeiro, pegaram peixes pequenos, porém, passando pouco prazo, pegaram pacus, piaparas, piracurus. Partindo pela picada próxima, pois pretendiam pernoitar pertinho, para procurar primo Péricles primeiro.

Pisando por pedras pontudas, Papai Procópio procurou Péricles, primo próximo, pedreiro profissional perfeito. Permita-me, pois, pedir perdão pela paciência, pois pretendo parar para pensar... Para parar preciso pensar. Pensei. Portanto, pronto pararei.

> **"Chamo de preguiçoso, o homem que podia estar melhor empregado."**
>
> **Sócrates**
> **(469/399 aC)**

ACREDITO QUE SOU COMPETENTE, MAS AS OPORTUNIDADES NÃO SURGEM?

Talvez você esteja pensando: Dalmir, eu amo o que faço, mas as oportunidades não surgem! Então, se eu perguntar a você se, em um passe de mágica, fosse possível viajar no tempo e retornar dez anos da sua vida, o que você faria novamente?

Nas próximas páginas, você conhecerá o que responderam duas empresárias e um conceituado empresário brasileiro sobre essas perguntas e muito mais. Não há fórmulas prontas, mas garantias de que é possível encontrar, nas competências individuais, a paixão pelo que se faz, bem como o compromisso de aproveitar as oportunidades da vida.

Observe as respostas e perceba que cada entrevistado refletiu muito, para contribuir sobre o que seria realmente interessante transmitir para você. São comentários imprescindíveis, com os quais será possível tornar seu trabalho mais produtivo e vitorioso.

Não somente apontamentos, mas ingredientes para ajudar você a levantar a âncora da incerteza e fazer o barco do profissionalismo seguir em rumo certo, justo e perfeito ao fortalecimento das suas competências.

ELIETE BUSARELLO PANINI

www.paninox.com.br

> **"Neste cenário de constantes transformações, o empresário é convidado, todos os dias, a entrar em um túnel e descobrir a saída com planejamento, estratégia e fazer algumas manobras para intensificar o aprendizado."**

Esposa, mãe, empresária, administradora e estudante. Tudo em uma só pessoa considerada mulher de aço, de aço inox. Filha de agricultores, nasceu na cidade de Rio dos Cedros (SC). Mudou-se para Blumenau (SC) em busca de um sonho: expandir a atuação no segmento de aço inoxidável na região do Vale do Itajaí.

Ao lado do esposo, Adélcio Panini, e das duas filhas, Giovana e Giulia, a Paninox cresceu com a multiplicação de profissionalismo, compromisso com o cliente e com o lema de ser uma "solução em inox". Seu dinamismo e determinação atestam sua competência não somente como diretora da Paninox, mas também pelo expressivo trabalho à frente da Câmara da Mulher Empreendedora da Associação Empresarial de Blumenau (ACIB).

Ao considerar que a pressão, o reconhecimento e as críticas fazem parte da sua profissão como mulher empreendedora, como você define os essenciais e indispensáveis ingredientes da sua trajetória de sucesso empresarial?

Amar o que eu faço é o primeiro ingrediente. Eu entro na minha empresa, saúdo minha equipe, entro na minha sala e me sinto realizada no que escolhi fazer. Sou sabedora que a pressão diária ocorre não somente pelas metas, mas também pelos desafios de ser uma mulher empreendedora, em um cenário cada vez mais competitivo. Outro ingrediente que destaco da minha trajetória profissional é a união existente no ambiente familiar. Toda a atenção, afeto, carinho, respeito e amor do meu esposo Adelcio Panini são essenciais no exercício complementar da compreensão, tanto nos momentos de fraquezas, como também nos momentos de enorme alegria. O amor das minhas duas filhas, Giovana e Giulia, em compreender os momentos de ausência são, sem dúvida, atitudes que motivaram a valorizar e aproveitar as oportunidades. Não acredito que uma pessoa tenha pleno êxito profissional distante dos laços familiares da compreensão, afeto, amor e trocas de aprendizagem. Os treinamentos, os momentos da capacitação, reuniões e os processos de aprendizagem individual e em equipe são fundamentais na trajetória de sucesso empresarial. Não aceito o treinamento como despesa. Acredito que um empresário, seja qual for o segmento de atuação, também não deveria aceitar como despesa. Gestor, gerente ou supervisor que pensa dessa maneira negativa, ou seja, que observa o treinamento como despesa, não consegue aprimorar e desenvolver indivíduos dispostos a encantar clientes. O treinamento é mais um benefício que oferecemos aos nossos trabalhadores para desenvolver suas competências e contribui para que o planejamento estratégico aconteça realmente na prática.

Você acredita na sucessão familiar? Como você está realizando a sucessão na Paninox?

Sim, eu acredito na sucessão familiar pelas competências demonstradas. Faço com que minhas filhas, Giovana e Giulia, realizem estágios nos diferentes setores da empresa, pois não acredito em sucessão familiar do dia para a noite. Eu quero que minhas filhas conheçam a fundo o negócio com qual sonhamos. Quero que elas, com determinação e coragem, levem adiante os diferencias que pesquisamos, construímos e defendemos para o segmento do aço inox.

No momento de contratar um profissional para fazer parte da sua equipe, quais fatores e características você observa para identificar que a pessoa é apaixonada pelo que faz e pode trazer excelentes resultados para sua empresa?

Eu não tenho o hábito de realizar uma entrevista de seleção individualmente, para não criar uma única imagem do perfil do candidato ou da candidata. Gosto de realizar a entrevista de seleção com mais pessoas da empresa, para que o candidato perceba que prezamos pelo trabalho coletivo. Buscamos fazer em equipe o exercício de conduzir a entrevista em um diálogo transparente, e tentamos perceber, com o uso de perguntas abertas, a flexibilidade em superar a resiliência e se realmente apresenta brilho nos olhos ao demonstrar que realmente é apaixonado pelo que faz. Outro item é questionar atividades realizadas fora da empresa, como serviços voluntários, hábitos de leitura, relacionamento familiar, tipos de festas que frequenta e suas redes de relacionamento. Buscamos perceber se o candidato ou a candidata demonstra sinergia para trabalhar em equipe, capacidade para superar desafios e qual a valorização do uso de EPIs (Equipamentos de Proteção Individual). Lembro que Peter Drucker, especialista em administração, certa vez disse que as pessoas que ele queria contratar para fazer parte da sua equipe dificilmente eram improdutivas e infelizes na vida. É uma tarefa fácil? Eu afirmo que não, principalmente pelo fato de atualmente existirem várias fórmulas e "armas" do candidato para simular respostas em uma entrevista de seleção. Quando o objetivo está em impressionar e esconder fatos negativos do seu passado pessoal ou profissional é fácil "camuflar" respostas. Por esse motivo, não gostamos de realizar uma única entrevista de seleção. A pessoa fará parte da minha equipe e, junto com todos os demais trabalhadores, será integrante de um time. Por esse motivo, é necessário selecionar e ser rigoroso no processo de seleção. Lembro que foi um desafio contratar pessoas no começo das atividades da Paninox, pois não havia mão de obra qualificada e treinada no ramo de aço inox em Blumenau e na região do Vale do Itajaí. Fomos pioneiros em 1998 e, consequentemente, uma escola para os primeiros trabalhadores no segmento de aço inox, tanto no ramo de vendas, como também para a metalurgia. Quando começamos a empresa, há muito tempo, a mão de obra era unicamente treinada para operar em aço carbono. Para atuar no aço inox é necessário um enorme cuidado no transporte e um rigoroso processo no sistema de armazenamento. Gosto de encerrar cada entrevista de seleção com três perguntas que considero essenciais:

1. O que levou você a escolher a Paninox para desempenhar suas atividades?
2. Por que eu devo contratar você para fazer parte do time da Paninox?
3. Quais os dois últimos livros que você leu sobre sua área de atuação?

Como esposa, mãe, gestora de negócios e empresária que aceita o título de ser "uma mulher de aço, de aço inox", você acredita que a pessoa apaixonada pelo que faz desenvolve suas atividades com maior grau de comprometimento, satisfação e felicidade? Você tem algum exemplo?

Quanto ao fato de ser mãe, esposa e empresária, acredito que levo uma vantagem por pertencer a uma organização familiar. Sou uma mulher apaixonada pelo que faço, pela minha família e pelos meus trabalhadores. Eu tenho, por exemplo, mulheres que trabalham na área comercial, que são felizes, ocupam cargo de confiança, são mães, esposas, moram longe da empresa, chegam no horário, são envolvidas com as metas da empresa, mostram números, surpreendem, são dedicadas e demonstram diariamente um semblante maravilhoso. O comprometimento faz uma pessoa ser mais feliz e disseminar energia boa nas outras áreas da empresa.

Durante sua trajetória profissional, qual foi o maior erro cometido e qual o mais expressivo acerto, levando-se em consideração o diferencial de ser uma mulher que aproveitou as oportunidades para se tornar uma pessoa apaixonada pelo que faz?

Neste cenário de constantes transformações, o empresário é convidado, todos os dias, a entrar em um túnel e descobrir a saída com planejamento, estratégia e fazer algumas manobras para intensificar o aprendizado. Na trajetória como empresária, os erros são frequentes. Alguns relacionados ao processo de relacionamento pessoa, outros gerados no ambiente comercial. Eu vejo o erro não como um bloqueio, mas como um aprendizado diário. Não creio que os erros foram cometidos por inexperiência, insegurança ou por incompetência, mas, ao contrário, foram erros realizados com o objetivo de acertar o alvo.

O detalhe é que o alvo, em alguns momentos, muda de direção. Como é que eu, como ser humano, posso, naquele determinado momento, classificar como um erro, se eu não tinha noção de que cometeria um erro? Essa pergunta me faz refletir e pensar que alguns erros que eu cometi foram fundamentais para meu crescimento. O maior acerto da minha trajetória foi confiar na parceria com meu esposo, na colocação precisa dos primeiros tijolos e na construção dos alicerces do nosso empreendimento. Essa atitude de estar lado a lado e respeitar o limite individual são aprendizados diários. Os erros permitem ao ser humano agir de forma diferente, pois jamais devem ser menosprezados. Erros fazem os acertos se tornarem melhores acertos. Os resultados de um erro podem ser vistos como um desafio, que outras pessoas já fizeram, mas que não conquistaram êxito.

Em um passe de mágica, se pudesse viajar de volta dez anos, que conselho a Eliete Busarello Panini daria a si mesma sobre o relacionamento humano com a família, com os amigos, com a descoberta de oportunidades e sua paixão no trabalho?

Eu olharia para a Eliete e diria “Siga em frente”. Acreditar no potencial humano e sentir um sonho realizado é como viver o momento de uma chuva torrencial e ininterrupta de alegria. Somente um ser humano livre e de bons costumes pode sentir em seu coração o que é um sonho realizado. Somente uma pessoa que acredita em si mesma é capaz de descrever com riqueza de detalhes o que realmente é ser uma pessoa verdadeiramente apaixonada pelo que faz.

VALDEMIR ZAGO

www.zaeli.com.br

> **"Como empreendedor tenho metas. A primeira é oferecer aos nossos clientes continuamente o melhor produto e paralelamente tornar minha equipe a mais feliz e apaixonada pelo que faz todos os dias."**

Presidente de uma das mais respeitadas empresas do segmento alimentício brasileiro, fundada em 1969, na cidade de Umuarama (PR), Valdemir Zago recebe constantemente prêmios pelo dinamismo, liderança, espírito de renovação e empreendedorismo.

A Zaeli Alimentos produz um mix com mais de 220 produtos diferentes, valorizando a contínua tecnologia e busca pela reconhecida perfeição e qualidade de produção, em um estruturado e moderno parque industrial, mudando definitivamente sua estrutura de administração de âmbito familiar.

A empresa adquiriu e implantou um sistema denominado *Enterprise Resource Planing* (ERP) da SAP de Gestão Corporativa, que potencializou as qualidades industrial, logística e administrativa. Por conta dessas mudanças, foi possível integrar todas as etapas do processo.

Continuamente, a Zaeli Alimentos aprimora fortalecimento na área de Recursos Humanos, com a contratação de executivos experientes do mercado para as principais posições de liderança.

No momento de contratar uma pessoa para fazer parte da sua equipe na Zaeli Alimentos, quais fatores, características essenciais compõem esses diferencias? O que você observa para identificar que a pessoa é apaixonada pelo que faz? Como essa pessoa pode trazer excelentes resultados para sua empresa?

Ao contratar uma pessoa para fazer parte do time Zaeli Alimentos, podemos observar, por meio do brilho nos olhos. Ajuda muito na escolha uma boa apresentação de espírito, confiança no que expressa, acreditar nos seus sonhos pessoais e, para concluir, precisa-se de uma boa referência, currículo e depoimentos que sejam conferidos sobre trabalhos anteriores. Minha equipe de RH procura descobrir informações do candidato, para que durante a entrevista ocorra uma melhor identificação das competências com a vaga. Procuramos oferecer tempo para ele falar de si, detalhar suas experiências, decisões mais importantes e o que está esperando com a oportunidade de trabalho. É um desafio descobrir como essa pessoa pode trazer resultados, mas realizamos na Zaeli Alimentos algumas perguntas e dinâmicas para avaliar a capacidade de adaptação ao trabalho em equipe, respeito hierárquico e determinação em superar desafios.

Como gestor de negócios e empresário de sucesso, você acredita que o profissional apaixonado pelo que faz desenvolve suas atividades com maior grau de comprometimento, satisfação e felicidade? Como isso ocorre em sua opinião? Quais são os principais motivos?

As pessoas podem se apaixonar pela empresa, porém isso não se consegue pronto. É um exercício para se conquistar pouco a pouco. Há pessoas que gostam do que fazem no âmbito geral, porém apaixonar-se seria uma grande conquista do empregador sobre o funcionário. Como gestor, acredito que a essência do sucesso profissional está em criar oportunidades e despertar novos conhecimentos com positivismo e capacidade de superação. Uma pessoa acomodada está parada no espaço temporal, mas uma pessoa apaixonada pelo que faz visualiza e aproveita as oportunidades a sua volta. É verdade que, se ela gosta do que faz, a empresa coopera para que isso se torne uma paixão com inteligência em se oferecer uma condição atrativa, de conforto, de liberdade e de poder expressar suas ideias, ser ouvida e respeitada. Essa energia positiva faz com que a pessoa vá se apaixonando, porém é preciso ser conquistada pelo todo para produzir mais. A cada dia terá mais prazer em trabalhar, fazendo com que a empresa tenha benefícios suficientes, visto que, com dupla ação de trabalho e satisfação, todos ganham.

Diante da sua experiência profissional, como você identifica um profissional comprometido? Qual motivo leva alguns profissionais das mais diversas áreas a abandonar e ignorar o comprometimento?

Pessoas comprometidas são muito fáceis de serem identificadas. Elas não conseguem esconder o prazer de estarem de bem com a vida em todos os sentidos, queira dentro da tarefa ou fora, de cabeça erguida, dando atenção a tudo que está a sua volta. Não se limitam a nada. Tudo querem fazer e resolver. O comprometimento não acontece de um dia para o outro, e sim após a soma de várias pequenas coisas acumuladas, que podem ser desencadeadas por motivo próprio ou da empresa. Acredito que a competência é um conjunto muito particular de conhecimentos, habilidades, atitudes, capacidades, virtudes, comprometimento e comportamentos que favorecem positivamente para o sucesso das pessoas e das organizações.

É um importante divisor de águas entre as pessoas vitoriosas e as demais. Quando você aplica paixão no que faz, disponibiliza uma dose de emoção positiva, ao contrário de ser uma peça de engrenagem burocrática e rotineira. Como empresário, afirmo que o comprometimento está diretamente ligado a cinco itens: aperfeiçoamento, confiança, determinação, paixão e responsabilidade.

Durante sua trajetória profissional na Zaeli Alimentos, qual foi o maior erro e qual o mais expressivo acerto, levando-se em consideração o fato de ser um executivo e empreendedor que aproveitou as oportunidades para se tornar apaixonado pelo que faz?

Não houve erro, e sim desistência antes de acertar. Tudo que fiz serviu como experiência, ganhando dinheiro ou não. Conquistando resultados positivos ou não. O mais expressivo acerto foi apostar no que faço, devido à continua satisfação. Levo em consideração sempre o prazer da viagem e aproveito o viajar em todo momento, pois a vida é uma viagem e, se esperar demais para chegar para aproveitar, algo poderá não acontecer. Quem sabe aproveitar as oportunidades dos dias sempre está apaixonado e serve com alegria.

JOICE MARIA NERVIS RONCÁGLIO

www.queijosecia.com.br

> **"Lembro-me de que, em um curso que fiz no SEBRAE, aprendi que nós temos uma tendência quase natural de sofrer mais pelos fracassos do que festejar vitórias. Por isso minha lembrança do fracasso não é um lamento, é só um sinal de alerta permanente, para que eu não me esqueça do aprendizado e não permita repetir erros."**

Nasceu em uma família em que ganhar a vida por conta própria era praticamente uma regra. A empresária **Joice Maria Nervis Roncáglio** começou sua história empreendedora aos 14 anos, na área de confecções, com corte e costura. Em 1996, na cidade de Foz do Iguaçu, fronteira paranaense com Paraguai e Argentina, alterou totalmente sua linha de atuação. Iniciou a fabricação de pães, salgados e doces caseiros.

Com a ajuda da família, vendia a produção nas vizinhanças e escolas, com o desejo e a determinação de ser uma empresária de destaque nesse segmento. No dia 07 de fevereiro de 1998, abriu a primeira padaria. Com uma carga horária muito extensa, acordava às 4 horas da manhã e somente parava de trabalhar por volta das 23 horas.

Com o passar do tempo, percebeu que as dificuldades estavam no constante desafio de administrar adequadamente o empreendimento. Com a ajuda do Sebrae Paraná, em Foz do Iguaçu, participou do EMPRETEC (Programa de Educação Empreendedora formatado pela Organização das Nações Unidas - ONU - e executado pelo Sebrae em todo território nacional) e encontrou ferramentas para alavancar seu empreendimento.

Uma pessoa apaixonada pelo que faz. Em 2004, ficou em quarto lugar no "Prêmio Sucesso Empresarial", realizado pelo SEBRAE, em parceria com o Grupo Gerdau e com o Instituto Brasileiro de Qualidade e Produtividade (IBQP). Uma mulher determinada, organizada e guerreira, que faz de cada situação um novo aprendizado e de cada obstáculo uma nova oportunidade de constante crescimento.

A Queijo & Cia está entre as melhores padarias de Foz do Iguaçu (PR). Todas as suas conquistas pessoais e profissionais estão relacionadas com o aspecto de aproveitar as oportunidades e de se tornar uma mulher apaixonada pelo que faz?

Todas as oportunidades se tornam um desafio e, mais do que o lucro, é importante a realização pessoal minha e das pessoas que me cercam. Esse é um dos quesitos de maior importância, pois transforma meu fardo em um grande prazer. Acredito que a minha constante preocupação em evitar cometer erros, com base na minha experiência e equívocos do passado, fortalecem a continuidade do meu negócio.

Como sua participação no EMPRETEC passou a ser um divisor sobre sua visão administrativa e empreendedora de aproveitar as oportunidades?

Porque tive o contato com o conhecimento, pois não sabia nada sobre clientes, empresa e administração em geral.

Após obter esse conhecimento, comecei a colocá-lo em prática e observei meu ambiente de um ângulo diferente, e então depois da prática, aprendi a esperar os resultados chegarem. Outro ponto positivo foi a promoção de ações para manter a produção e o comprometimento social da empresa diante da sociedade. Promovemos ginástica laboral com os funcionários, elegemos o trabalhador destaque a cada dois meses e comemoramos de maneira participativa os aniversários mensalmente. Contribuímos com uma associação de portadores de deficiência, a Associação Cristã do Doente e Deficiente Físico (AACD). Após participar do EMPRETEC, percebi a importância da reciclagem. Todo lixo é devidamente separado e vendido para empresas de reciclagem, e a receita dessa venda é sorteada mensalmente a um dos funcionários, como prêmio de reconhecimento e valorização.

Com que frequência você participa de cursos, palestras e treinamentos? Você acredita que as oportunidades surgem na sua vida por meio da sua capacitação?

Sempre! Estou em aprendizado contínuo e ensinando também. Quando estamos preparados, as oportunidades aparecem, e aí vem a importância de não pararmos nunca de aprender, pois o oxigênio conspira a favor do capacitado. Lembro-me de que, em um curso que fiz no SEBRAE, aprendi que nós temos uma tendência quase natural de sofrer mais pelos fracassos do que festejar vitórias. Por isso, minha lembrança do fracasso não é um lamento, é só um sinal de alerta permanente, para que eu não me esqueça do aprendizado e não permita repetir erros. Hoje, comemoro intensamente cada vitória e divido esse sentimento com minha equipe de funcionários e com os meus clientes também.

O que uma empresária do ramo de panificação, que conheceu o fracasso e o sucesso, reescreveu sua história profissional, revisou comportamentos e reciclou os conhecimentos, pode apresentar como ingredientes para uma pessoa que desejar ser apaixonada pelo que faz?

Muito conhecimento, foco no seu negócio, ser versátil, transformadora, e muito comprometimento naquilo que a gente faz, e não ter pressa e ser imediatista com os resultados. Eu refiz cada passo do meu fracasso para aprender cada vez mais. Revisei meus comportamentos e aceitei reciclar meus conhecimentos para reescrever minha história e trajetória profissional.

Em um passe de mágica, se pudesse viajar de volta dez anos, que conselho a Joice Maria Roncaglio daria a si mesma sobre a escolha de fazer do trabalho um tortura, ou a oportunidade de fazer do trabalho uma satisfação?

Com certeza de fazer da oportunidade a satisfação, mas lembrando sempre que, a cada dia, devemos ser mais especialistas naquilo que fazemos, por isso iniciaria bem cedinho já uma trajetória de conhecimento e de autoconhecimento, pois o segredo de qualquer negócio está em uma excelente equipe comandada por um líder que mostre exemplo, empatia e paixão pelo que faz. Posso afirmar tranquilamente que tenho muito prazer com o meu empreendimento. Amo o que eu faço. Em muitos momentos, foi preciso tomar energéticos para suportar o pique que o trabalho exigiu, no entanto em momento algum me sinto uma mulher acomodada. Meu desafio é permanecer no mercado, cada vez mais competitiva, atenta às crescentes exigências de meus clientes e às evoluções tecnológicas. A missão é acompanhar, com qualidade, o ritmo desse mercado.

DICAS MÁGICAS

- A competitividade não é um dom. É um processo de desenvolvimento que envolve o conhecimento, habilidades, e a atitude de acreditar no seu potencial como ser humano.
- A ausência de competência no seu trabalho faz com que o Titanic do seu sonho siga para o fundo do mar.
- Você não conseguirá demonstrar competências ao jogar futsal de chuteira ou ao jogar futebol de campo com patins.
- Pessoas que prometem e nada fazem somente descrevem uma palavra para justificar falhas; desculpas.
- Acredite que a felicidade profissional ocorre quando nossa vocação se soma à competência. Qualquer meta não pode ser uma miragem.
- Aplique os conhecimentos adquiridos, as capacidades cognitivas e o desejo de melhorar as habilidades desenvolvidas, para aproveitar as oportunidades.

PARTE 3

EQUILÍBRIO

QUALIDADE DE VIDA: indiferença ou comprometimento?

"Não é preciso ter os olhos abertos para ver o sol. Nem é preciso ter ouvidos afiados para ouvir o trovão. Para ser vitorioso, você precisa ver o que não está visível."

Sun Tzu

544/496 a.C

Quando me amei de verdade, compreendi que, em qualquer circunstância, eu estava no lugar certo, na hora certa, no momento exato. Então pude relaxar. Hoje sei que isso tem nome... **Autoestima**.

Quando me amei de verdade, pude perceber que minha angústia, meu sofrimento emocional não passam de um sinal e que estou indo contra minhas verdades. Hoje sei que isso é... **Autenticidade**.

Quando me amei de verdade, parei de desejar que a minha vida fosse diferente. Comecei a ver que tudo o que acontece contribui para o meu crescimento. Hoje chamo isso de... **Amadurecimento**.

Quando me amei de verdade, comecei a perceber como é ofensivo tentar forçar alguma situação, apenas para realizar aquilo que desejo, mesmo sabendo que não é o momento. Hoje sei que o nome disso é... **Respeito**.

Quando me amei de verdade, percebi que minha mente pode atormentar e decepcionar. Mas quando a coloco a serviço do meu coração, ela se torna uma grande e valiosa aliada. Isso é... **Saber viver**!

Charles Chaplin - 1889/1977

No primeiro capítulo, é possível perceber que, todos os dias, você pode optar por fazer do seu trabalho uma tortura ou satisfação. Acredito que sua escolha consiste em fazer do trabalho uma constante satisfação, correto?

Dessa maneira, para intensificar esse sentimento de fazer muito bem feito, passa a ser necessário o desenvolvimento das competências descritas no segundo capítulo do livro, que permitem compreender as significativas mudanças, a partir de um conceito de recursos estocados no indivíduo, para um conceito dinâmico relacionado ao desempenho humano.

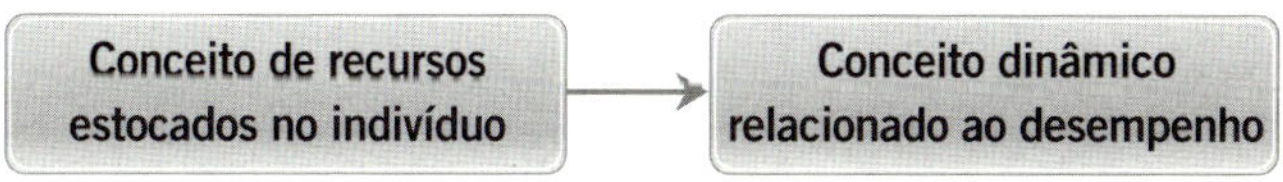

Essa mudança de conceito contempla o potencial de resultados, com base no conhecimento somado à experiência nas habilidades operacionais e nas atitudes em fazer determinada atividade com êxito, amor e superação. As três entrevistas anteriores, com os conceituados empresários brasileiros, destacaram essenciais dicas para enfatizar que, sem satisfação, sentimento e o desenvolvimento das competências, não há alegria para superar desafios.

Sem brilho nos olhos, emoção positiva e desejo de superar desafios, não há força suficiente para alterar o rumo das próprias incertezas. Nessa direção, observe o conjunto com as três competências na figura da página ao lado e conquiste maior aplicabilidade nos grupos sociais, no ambiente profissional e no relacionamento interpessoal.

A primeira são as **competências desenvolvidas ao longo da vida**, estimuladas desde a infância e comprovadas por meio do relacionamento com a família, colegas e amigos. São responsabilidades e ensinamentos muitas vezes simples, que o pai e a mãe criam para desafiar a criança a seguir regras, a ter disciplina e persistência.

O segundo conjunto de competências é o do **enfrentar** e **superar desafios** com resultados coerentes. Essa capacidade trouxe uma forma de administrar recursos, pois contribui positivamente para o aprimoramento das pessoas e oferece a possibilidade de o profissional ser mais comprometido, inovador e competitivo. Competência tem de vir acompanhada com o comprometimento de dispor uma energia a mais, um esforço complementar para ser um campeão.

O terceiro conjunto de competências está disponível no convívio com outras pessoas e na **capacidade de sustentar relacionamentos sadios**. Nesse sentido, este terceiro capítulo permitirá compreender a necessidade do compromisso para conquistar o equilíbrio entre as atividades profissionais e os momentos de lazer.

O conhecimento passou a ser uma vantagem competitiva, entretanto, apenas a informação pura e simples não mais garante um diferencial. É necessário aproveitar as oportunidades com o desenvolvimento das competências, considerando-se os seguintes itens:

1. As competências são decorrentes da aprendizagem, especialmente no direcionamento de coordenar as diversas habilidades, unificar correntes de tecnologia e aprimorar o constante processo de inovação;
2. A capacidade de aprender é indispensável para que as pessoas mantenham sua empregabilidade no mundo de negócios;
3. O exercício de aprender não pode ser ignorado. É necessário desenvolver habilidades para maior comunicação, empatia, respeito à diversidade e transferência de conhecimentos no crescimento da própria carreira;
4. Como as qualificações essenciais passam por contínuas mudanças, o autogerenciamento da carreira passa ser fundamental. Não desperdiçar as oportunidades é um significativo diferencial competitivo;
5. O ambiente organizacional permite expandir áreas de gestão de pessoas, com o objetivo de gerar resultados de habilidades, conhecimento e o desenvolvimento humano;
6. É preciso perceber que cada pessoa dispõe de objetivos específicos e desafios constantes em relação às suas competências, obrigações e progressos em direção às metas, valores e sonhos.

"A oportunidade favorece a mente preparada."

Louis Pasteur
(1822/1895)

A vida é repleta de movimentos. E são essas agitações da vida as responsáveis por beneficiar seu corpo, seu estado emocional e enriquecer seu cérebro com diferentes pensamentos. Por esse motivo, agora no terceiro capítulo compartilho com você a necessidade do equilíbrio entre as atividades profissionais, a moderação para romper determinadas zonas de conforto e o uso do lazer, do riso e da paixão para ampliar novos horizontes.

Apresento a diferença de quem gosta de trabalhar porque sente amor no que faz, ao contrário do profissional viciado em trabalho, que não valoriza a qualidade de vida, o relacionamento interpessoal e o convívio social. No final do capítulo você irá conferir três entrevistas: com a *personal trainer* Telma Tatyane Nunes dos Santos, que atua com condicionamento físico personalizado focado na qualidade de vida, desenvolvimento social e pessoal; com o talentoso Falcão, eleito pela FIFA o melhor jogador de futsal do mundo; e para finalizar de maneira emocionante, com o premiado humorista Shaolin, que dotado de grande capacidade para assimilar costumes e mazelas da sociedade, consegue trazer para o lado irônico o contagiante humor popular brasileiro.

VAMOS CONTINUAR?

Então convido você a assumir diariamente o compromisso de visualizar uma gangorra à sua frente e perceber a necessidade do equilíbrio entre a indiferença e o comprometimento de assumir uma parada para praticar o bom humor, valorizar o encontro com amigos e curtir o seu corpo, de maneira a aproveitar as oportunidades da vida.

Lembre-se que o principal beneficiado é você, sem jamais esquecer que não é uma máquina, mas um ser humano que possui emoções, sentimentos e uma história pessoal.

> **"Gostar de si mesmo, sem egoísmo. Apreciar as pessoas em volta. Cuidar da saúde mental e física. Gostar dos seus horários. Não ficar melancólico, mas guardar na lembrança as melhores coisas da vida. Não abrir mão de ser feliz. A busca da felicidade já justifica a existência."**
>
> **Doryval Caymmi**
> (1914/2008)

Minhas primeiras lições sobre disciplina e regra foram ensinadas por meu pai. Na minha infância, uma das diversões da minha família era tomar banho em uma grande lagoa, no litoral de Santa Catarina.

Quando chegávamos ao local, meu pai era o primeiro a entrar na água. Com cautela, caminhava da margem até um determinado ponto da lagoa, segurando em suas mãos um bambu. Enfiava no fundo da lagoa e marcava o limite até onde eu, meu irmão Vilmar e minhas irmãs Cláudia e Flávia poderíamos nadar. Meu pai criava uma área de segurança e, assim, de maneira humilde, mas eficaz, mostrava o limite para as nossas brincadeiras dentro da lagoa.

Eu e meus irmãos cumpríamos com obediência a regra determinada por meu pai. Como prêmio, voltávamos vários finais de semana para tomar banho na grande lagoa.

Regras são como uma missão a ser cumprida. Nenhum soldado diz que vai à guerra. Todo soldado diz: **Vou cumprir uma missão!** Você conhece pessoas que prometem uma melhor qualidade de vida e, no segundo mês do ano, não lembram mais o que prometeram?

Conhece pessoas querendo emagrecer, mas que acabam trocando o compromisso assumido por uma suculenta feijoada no domingo e dizem: não tem problema, amanha eu fico sem comer". Mas onde está a determinação e a disciplina com as metas assumidas?

Encontramos pessoas que trocam uma meta assumida por desculpas. Querem valorizar a qualidade de vida, mas dizem: "Eu vou faltar hoje na academia, pois está chovendo. Outro dia eu recupero essa aula". Mas onde está o comprometimento com a meta assumida? Onde está o rigor com a disciplina? Perceba que a chuva passou a ser uma desculpa para deixar de aproveitar a oportunidade para fazer a diferença.

> **"Nosso corpo é o templo da nossa alma. Precisamos mantê-lo forte, flexível e saudável, sem jamais esquecer que sonhos excepcionais demandam esforços e pensamentos extraordinários."**

Nos dicionários encontramos que saudável é tudo aquilo que oferece benefício à saúde. Dispor de uma vida saudável significa estar bem física, social, espiritual e psicologicamente. É necessário um equilíbrio entre esses aspectos da existência. Se não existe harmonia, o indivíduo pode adoecer com maior facilidade.

O caminho para encontrar o equilíbrio passa normalmente pela alteração de hábitos, em busca de práticas que permitam melhorar a qualidade de vida, maior tonicidade muscular e melhoria no sistema cardiorrespiratório. Hábitos saudáveis, como a boa alimentação, equilíbrio emocional e exercícios, são aspectos essenciais para perceber que o conceito de atividade física é o de bem-estar, para o encontro permanente de uma autonomia motora vitalícia. Exercitar-se demanda esforço, porém uma reflexão é fundamental: **você está pronto para iniciar alguma atividade física?**

É essencial visitar um(a) médico(a) para realizar exames laboratoriais, tais como eletrocardiograma, hemograma, ergoespirometria, dinamometria e testes para avaliar as limitações articulares e musculares. Outro importante teste é o exame de baropodometria, que detecta alterações biomecânicas e lesões relacionadas à pisada humana. Um importante exame capaz de indicar regiões específicas nas plantas dos pés com alterações ou assimetrias provocadas por uma postura incorreta.

Mal utilizado, o corpo humano gera um desequilíbrio e prejudica os resultados esperados, sendo necessário encontrar alternativas para limpar e soltar toxinas que aglomeramos diariamente com o acúmulo de energias negativas, que dispersam a felicidade, a prosperidade e a qualidade de vida.

Um corpo fraco, anêmico, debilitado é igual a uma cabeça fraca, limitada e sem poder. A qualidade de vida precisa ser encarada com menos indiferença e maior comprometimento, como um conjunto de ações devido às quais a principal pessoa a receber o prêmio é **você**.

Meu amigo Tom Coelho, no livro "Sete Vidas - lições para construir seu equilíbrio pessoal e profissional" (2008, p. 48), diante dos mais de trinta exercícios esportivos que realizou, incluindo o paraquedismo, ensina que a regularidade da qualidade de vida "traz mais benefícios à saúde do que a intensidade da atividade física. Você terá que encontrar algo capaz de mexer com seus pulmões e seu coração, praticando com frequência. O ideal seriam trinta minutos diários de atividade. Contudo, você pode optar pela prática duas ou três vezes por semana. Seja paciente com seu corpo. Ouça sua respiração e monitore sua frequência cardíaca".

Pode até parecer incrível, mas há pessoas que entram em quadra sem nenhum preparo físico ou um aquecimento preliminar. Como resultado, no primeiro confronto (contato físico), essas pessoas sofrem com fortes lesões, fraturas ou dores, tornando prejudicial algo que seria agradável para valorizar a qualidade de vida.

Você é capaz de responder se os músculos da perna estão preparados para uma corrida? Os braços estão prontos para começar aquela partida de vôlei com suas amigas? Sua resistência respiratória suporta quantos metros de natação? A tonicidade muscular está ideal para praticar artes marciais? Você realiza um aquecimento preparatório antes daquela partida de futebol com os amigos? A coluna é capaz de suportar os pesos dos equipamentos da academia?

"Não dá para resolver um problema com o mesmo raciocínio que foi causado."

Albert Einstein
(1879/1955)

Há pessoas que passam mal por levarem as atividades físicas ao extremo, sem limite de tempo e orientação adequada. E no âmbito profissional?

Quantas pessoas trabalham de forma excessiva, além do habitual e não conseguem uma vida externa ao trabalho? Essas pessoas são costumeiramente chamadas de *workaholic*. Uma expressão da língua inglesa que surgiu como variação da palavra *alcoholic* (alcoólatra) e significa, de maneira prática, vício em trabalho.

Para um *workaholic* não há uma via de descarga psíquica. A energia acumulada torna-se fonte de tensão, conflitos e desprazer. A carga psíquica cresce diariamente, até que aparecem sintomas como fadiga, astenia e uma série de patologias em maior grau.

Como resultado, o trabalho torna-se fatigante. Perde o encanto e o poder de sedução. Freia a criatividade e reforça rotinas improdutivas. Dorme pouco, consome alimentos inadequados, pratica pouca ou nenhuma atividade física e como resultados negativos sofre impacto direto na saúde mental, emocional, financeira e física.

A pessoa *workaholic* encontra uma forma de fugir da vida, das relações sociais e de problemas estando, por longo período, imersa no trabalho. Transborda negatividade e canaliza sua atenção apenas nas atividades profissionais. Com isso, ocasiona problemas de relacionamento ainda maiores. Abraça tudo o que é possível, causa excesso de compromisso e gera elevado nível de desgaste físico e emocional. Vive o trabalho durante as vinte e quatro horas, não consegue e não sabe se desligar. Nesses quase mil quatrocentos e quarenta minutos diários aceita ser pacificamente seu próprio carrasco.

Diante dos estudos que realizo nas áreas de gestão de pessoas, percebo que poucos são os profissionais que se assumem no papel de *workaholics*. E como diagnosticar esse perfil? Em inúmeras situações o *workaholic*, além de ficar centrado excessivamente na esfera profissional, é ainda centralizador de suas atividades, individualista ao extremo e insatisfeito com o que realiza. Demonstra irritabilidade intensa com o sucesso de outros colegas de trabalho.

Em virtude da ausência de prática de exercícios físicos, apresentam quadros psíquicos que podem levar à depressão, distúrbios cardiovasculares, endócrinos e problemas gastrointestinais (úlcera). Devido ao elevado grau de ansiedade surgem alterações dos níveis de triglicérides, colesterol, diabetes e obesidade.

Inversamente ao perfil *workaholic*, a pessoa apaixonada por seu trabalho encontra satisfação a tal ponto que se sente melhor antes de tê-lo começado, pois sabe distinguir até que ponto sua atividade é uma função relevante, capaz de gerar identificação diante da própria vida. Busca agregar valor ao próprio potencial e consegue dar um salto qualitativo na carreira profissional.

Uma pessoa apaixonada pelo que faz não se distancia de outras áreas que complementam a vida de alguém. Dificilmente separa lazer de trabalho, pois a atividade profissional e a diversão têm o mesmo significado. Encontra uma via de descarga psíquica em compartilhar conhecimentos e generosidade.

Pessoas apaixonadas por seu trabalho sabem onde querem chegar e o mais importante: chegam. A energia acumulada torna-se fonte de entusiasmo com a própria profissão. Trabalha por amor, com alegria e percebe que acumulou relevante rede de relacionamentos. Pessoas apaixonadas pelo que fazem produzem mais e melhor. Contam com a certeza de contribuir de forma efetiva para melhorar os próprios resultados. Compreendem que a qualidade de vida é uma opção pessoal.

"A preguiça, a indolência e a ausência de comprometimento são três inimigos da pessoa apaixonada por seu trabalho."

Que tal experimentar os benefícios de sentir a ação de velejar, correr, caminhar, nadar ou praticar artes marciais? Procure descobrir uma atividade que seja interessante para você e sinta maior vitalidade, aumento do potencial de concentração, memória e raciocínio.

Qual seria o resultado, se a empresa envolvesse os trabalhadores para uma competição esportiva? Não quero que você pense somente em um jogo de cartas, dominó ou xadrez. Não desejo que você pense, também, unicamente em um jogo de futebol masculino ou feminino. Quero propor algo a mais! Uma dinâmica de equipe, em uma quadra, respeitando as diversidades e fortalecendo o trabalho coletivo? O que sua equipe ganharia como resultado prático dessa atividade? Quais seriam os benefícios adquiridos?

Que tal transformar essa atividade física em um benefício oferecido ao trabalhador? Garantia de vantagens, como condicionamento físico, qualidade de vida, lazer, descontração e trabalho em equipe.

Um belo exemplo prático. Uma conceituada rede de supermercados em Santa Catarina decidiu colocar esse desafio de integrar os funcionários com a prática de esportes. Realizou uma pesquisa interna e descobriu que havia um interesse em corrida de curta e média distância. Contratou um professor de educação física para treinar a equipe de acordo com o perfil de cada funcionário. Como resultado direto, a empresa reduziu o *turnover*, conquistou maior integração e valorizou a qualidade de vida, além de divulgar nas camisas as marcas do supermercado durante as competições.

Ginástica laboral, grupos de corrida, aulas de dança, Círculos de Controle de Qualidade (CCQ) e oficinas culturais podem contribuir positivamente para melhorar o clima organizacional.

O objetivo é que a prática de incentivo ao bem-estar ofereça retorno sob a forma de redução de faltas por doenças ocupacionais, comprometimento dos funcionários e desenvolvimento do trabalho em equipe.

Uma parceria entre a empresa com uma academia de ginástica, um estúdio de pilates, um curso de dança ou com professores de fisioterapia e educação física pode ser mais um excelente benefício a ser oferecido ao trabalhador.

Respeitar a diversidade também é um fator essencial para o equilíbrio. Peter Senge (1990, p.391) enfatiza que "a diversidade é natural e traz riquezas ao mundo. A natureza é diversa, e existe um equilíbrio crítico que requer um entendimento de como todas essas peças se encaixam e como cada uma é importante para o todo". Na prática, torna-se necessário encontrar a melhor sintonia dos valores e dos talentos humanos.

> **"Uma empresa é antes de tudo uma ideia. Se cada um não pensar com amor, dedicação e coragem, a empresa não poderá almejar o seu crescimento e sua prosperidade."**
>
> **Peter Drucker**
> **(1909/2005)**

Um aumento de salário pode ser muito bem aceito por alguns funcionários, como também ser insuficiente para gerar a motivação para outros. Conquistar maior grau de comprometimento e valorização da qualidade de vida é um exercício diário para estimular as oportunidades, pois as empresas estão se tornando mais heterogêneas e significativamente competitivas com a diversidade de seus participantes.

Analisando os últimos 40 anos, encontramos quatro gerações com ideias, atitudes, hábitos de consumo e comportamentos diferentes: primeiro os "clássicos profissionais" (nascidos até 1945), depois os "baby boomers" (1946 a 1964), em seguida a "geração X" (1965 a 1982) e a geração Y (após 1983).

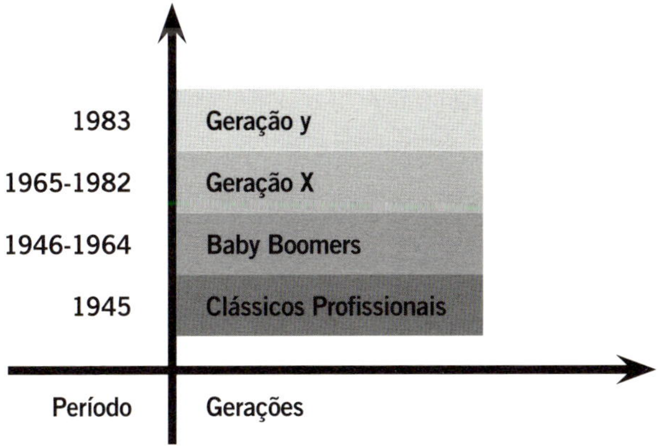

Perceba como a diversidade está presente no ambiente corporativo. Chamo sua atenção, pois houve um período da história em que líder não poderia sorrir. Mantinha a cara fechada, vivia de mau humor, usava de arrogância e ar de tristeza para demonstrar autoridade e poder. Praticava um modelo linha dura de liderança para conquistar respeito à hierarquia.

Era o período do funcionamento de uma lógica que confundia seriedade com mau humor. Um sorriso era motivo para punição. Com as transformações no perfil de liderar, isso está acabando.

Lembro que fui convidado para apresentar palestra para uma empresa multinacional, com sede no Estado do Rio de Janeiro. Durante a reunião de *briefing,* a comissão organizadora do evento informou que, antes da palestra, seria apresentada uma peça teatral. Os atores seriam os gerentes da empresa. Foi uma incrível experiência, pois os líderes da empresa caracterizavam-se e faziam piadas sobre si mesmos. No final, aplaudidos demoradamente por seus liderados, foi possível perceber o clima de harmonia entre todos.

Após encerrar minha palestra, conversei com o presidente da empresa (que também era um dos atores da peça teatral). Ele revelou que o bom humor dos funcionários gera resultados acima do esperado. Com a ação de colocar os líderes em cena, é possível enxergar as reações dos liderados pela óptica das decisões, estilos, condutas e atitudes do próprio líder, além de avaliar as regras da empresa. É uma maneira prática e vivencial de explorar a capacidade de rir de si mesmo.

No período da faculdade, a diversão e o riso eram inevitáveis. Tínhamos um quarteto (conhecido em muitas instituições de ensino como panelinha), formado por mim e três grandes amigos que ocupam um lugar muito especial no meu coração: Marcelo José Felesmino, Marlon Steffen e Renato de Souza. Usávamos o bom humor como marca registrada para cada trabalho que seria apresentado em sala de aula.

Não havia desculpas para o mau humor. Buscávamos não somente fazer o diferente, mas ser eficiente no que apresentávamos. Você pode até pensar que são coisas de aluno do curso de Comunicação Social (Publicidade e Propaganda), mas os resultados eram excepcionais. Conquistávamos excelentes notas na avaliação dos professores e conseguíamos apresentar trabalhos de maneiras diferentes, com mágicas, músicas e inúmeras dinâmicas.

Não é preciso ser um humorista profissional para criar um ambiente de bom humor. E isso você poderá conferir na segunda entrevista, com o premiado humorista Shaolin, que ensina com dicas práticas o quanto o humor traz benefícios. Uma boa risada libera endorfina, substância analgésica que, além de desacelerar o coração, oferece também uma agradável sensação de bem-estar.

Antes de prosseguir na leitura, convido você a dar uma boa risada de algo cômico que aconteceu com você.

Vamos lá? Nada de timidez. Precisa ser uma boa risada. Há quanto tempo você sorri de si mesmo? Acredite que a atitude mental positiva e a alegria são contagiantes para fortalecer a espantosa força do pensamento.

Quando sorrimos, fazemos entrar e sair mais ar dos pulmões, do que durante a respiração regular. Portanto, quando rimos, podemos estar introduzindo mais oxigênio nos pulmões e estimulando a circulação sanguínea. Estudos de amostras de sangue, colhidas enquanto as pessoas estavam sorrindo, mostraram níveis mais elevados dos hormônios de estimulação, noradrenalina e adrenalina. Inúmeros estudos da Psicologia enfatizam o humor também como uma forma vital de lidar com os problemas do cotidiano.

O riso ajuda a promover e a manter a saúde mental, pois as pessoas com um sentido de humor bem desenvolvido apresentam geralmente menos problemas emocionais. Lembre sempre do que disse o dramaturgo e poeta inglês William Shakespeare: "É mais fácil obter o que se deseja com um sorriso do que à ponta de uma espada". O poeta gaúcho Mário Quintana ensina: "O sorriso enriquece os recebedores sem empobrecer os doadores". Um sorriso com cortesia é capaz de oferecer resultados imensuráveis e ser um multiplicador do seu profissionalismo.

O ser humano precisa contagiar mais os seus dias com a oportunidade do equilíbrio da concepção em exercícios físicos, alimentação e alegria, para fazer a vida ser ainda mais interessante.

Mas não se pode confundir bom humor com manifestações de mau gosto. Por exemplo, brincadeiras que irritem uma pessoa que está concentrada no trabalho, ou ainda, uma piada envolvendo princípios éticos, religiosos, raciais ou familiares.

Nesse sentido parece importante enfatizar que, para algumas pessoas, será necessário orientar o que é liberdade e o que é libertinagem, para que no futuro não prejudiquem o próprio comprometimento individual e coletivo.

Compreender a diferença entre liberdade e libertinagem consiste em estabelecer uma relação justa e perfeita, de modo que todos os integrantes de uma equipe tenham possibilidades de contribuir para o crescimento coletivo. Unir positivismo com alegria. Multiplicar satisfação com felicidade.

Considerada como questão de ordem pessoal, a felicidade passou a ser indispensável ao bem-estar do indivíduo, com efeitos diretos na produtividade, qualidade de vida e satisfação com o trabalho. A felicidade é também conhecida pelo termo científico "bem-estar subjetivo".

A felicidade está no fato de as pessoas tirarem o maior proveito das ocorrências do cotidiano, salientando ao máximo as ações positivas que acontecem e menosprezando as situações negativas. Nesse sentido, ser feliz depende da relação existente em dois fatores. O primeiro está relacionado ao que pensamos, e o segundo, ao que sentimos em nossa relação com a própria vida. A maneira como pensamos sobre nós mesmos e nas inúmeras situações que estão à nossa volta provocam sentimentos que podem ser agradáveis ou não, mas que permitirão reagir de maneira positiva ou negativa.

Stephen Fineman (2001, p.163) considera a "satisfação no trabalho com uma conotação de processos emocionais e sentimentos do ser humano, tais como alegria, entusiasmo, prazer, orgulho, felicidade e realização. Os sentimentos geram uma ligação positiva com a realidade. Proporcionam uma leitura pessoal e experimental de como, onde e o que desejamos fazer a seguir.

Nessa perspectiva, os sentidos são, em sua maioria, móveis, pois interagimos com eles e refletimos sobre eles".

Perceba que, para encontrar satisfação no trabalho, há essencialmente a convivência com outras pessoas, assim como a obediência a regras e políticas organizacionais.

"Na Antártida, ouvi ruídos de cristais de água doce congelada que faziam aquele som quando entravam em contato com a água salgada. Pensei em fotografar, mas achei que teria muito tempo para isso. O fenômeno não se repetiu. Algumas oportunidades são únicas"

Amyr Klink

Acostumados com um ambiente de comodismo e previsibilidade, a reação de algumas pessoas é a paralisia de visão, que impede o aproveitamento das oportunidades. Seja uma pessoa honesta com você. Perceba que as desculpas podem ser substituídas por resultados. Permita que suas promessas sejam como uma flecha de um competente arqueiro, com direção certa, rumo aos seus objetivos.

Ao aceitar mudar e colocar em prática a ação de ser uma pessoa determinada perceberá o quanto foi importante o primeiro passo, sem se esquecer de lembrar das pessoas que o motivaram a não desistir. Ao sair da zona de conforto haverá uma mudança de hábito natural, que pode levar positivamente ao equilíbrio físico, mental e profissional.

Permita sempre lembrar que a qualidade de vida é um conjunto de fatores que, integrados, permitem uma maneira de viver e conviver valorizando aquilo que você possui de precioso neste mundo: sua própria vida. Dedicar-se a uma atividade física, pode ser muito positivo e um momento especial de satisfação, alegria, prazer e, consequentemente, contribuir ao desempenho profissional.

Não é por acaso que este capítulo recebeu o nome de **equilíbrio**. Há necessidade de fortalecer o comprometimento de suas promessas em ações. A mente depende do corpo para formular os pensamentos, pois tudo chega ao cérebro por intermédio dos órgãos dos sentidos humanos. O equilíbrio de nossa vida pessoal e profissional exerce uma significativa influência sobre o metabolismo humano, da ação do saber para o ato de fazer.

Quanto mais você somar a disciplina com a força de vontade e multiplicar esse resultado com o controle das próprias emoções, mais estará descobrindo a força impulsionadora da transformação e superação que há dentro de você. Por esse motivo, quero que você observe a capa do livro. Como em um passe de mágica, idealize ser você o menino diante do oceano.

Imagine que o mar passou a ser sua vida e diante dos seus olhos está algo chamado **oportunidade**. Hoje pode ser o dia da transformação. Um momento especial para acreditar que há na sua frente um universo torcendo por você.

E torcida positiva não falta para os três entrevistados, que você irá conferir nas próximas páginas. A *personal trainer* Telma Tatyane Nunes dos Santos atua com condicionamento físico personalizado focado na qualidade de vida; o talentoso Falcao, eleito pela FIFA o melhor jogador de futsal do mundo; o premiado humorista Shaolin, que dotado de grande capacidade para assimilar costumes e mazelas, consegue trazer para o lado irônico o contagiante humor popular brasileiro.

Quem realmente faz o que gosta, por meio das oportunidades, ama por um longo período de tempo os frutos colhidos, principalmente porque se tornou "bom" naquilo que faz.

Perceba que escrevo que essa pessoa se tornou "bom" na atividade que faz. Ao dedicar maior comprometimento e vontade para superar seus próprios desafios, altera o "bom" em "ótimo". Posteriormente transforma o "ótimo" em "excelente". Depois o "excelente" em "extraordinário". E, para surpreender, encanta ao transformar o "extraordinário" em "mágico"

Afirmo isso de coração, não somente por que sou mágico, mas porque mágica é a vida de quem aproveita as oportunidades. Siga sua vida com disciplina, até que se torne natural e espontâneo. Vamos tentar?

TELMA TATYANE NUNES DOS SANTOS

> **"O aluno é o verdadeiro responsável por seu sucesso. Está somente em suas mãos o poder para alcançar o objetivo traçado. Fora da academia, o aluno precisa entender que ele é a ferramenta, o combustível e principalmente o seu guia. Sem esforço, dedicação e vontade, nada funciona."**

Apaixonadíssima em ser *personal trainer*, **Telma Tatyane Nunes dos Santos** trabalha com condicionamento físico personalizado, focado na qualidade de vida, no desenvolvimento social e pessoal.

Busca, no seu trabalho, o equilíbrio e uma nova concepção em exercícios físicos. Confia que, para alcançar resultados, não só aquele momentâneo, mas que perdure e reflita na melhora da qualidade de vida, hoje e futuramente, passa a ser necessário sair do modelo tradicional de atividades físicas, trabalhando nas academias e clubes, onde as pessoas são tratadas de maneira igualitária (o que serve para um serve para todos).

Defende a diversidade humana e compreende que somos diferentes uns dos outros, nas necessidades e em uma série de aspectos físicos, biológicos e psicológicos que devem ser levados em consideração. Por isso, o foco do trabalho está na individualidade de cada pessoa e no seu potencial.

É uma profissional dedicada, que defende ativamente o acompanhamento da evolução física, realizado por meio de avaliações planilhadas e exercícios direcionados para cada etapa, mas isso tem de ser muito bem trabalhado, juntamente com o princípio de uma boa alimentação.

Esposa, mãe e formada em Educação Física pela Universidade do Contestado - UNC. É árbitra de corrida de orientação. Além de um significativo currículo, conta com cursos de Pilates, ginástica localizada, treinamento de futebol e musculação.

Há pessoas que buscam resultados imediatos na academia e acreditam que os exageros nos exercícios são caminhos práticos para uma condição ideal. Em sua opinião, por que isso ocorre?

Acredito que hoje somos sufocados e pressionados pela mídia e pela sociedade, que defendam um rótulo de beleza, ou seja, um perfil ideal, criado e implantado nas pessoas para se sentirem melhores ou aceitas pela sociedade, fazendo com que criem impulso por algo que vai além de sua realidade. Isso faz com que as pessoas paguem qualquer preço para alcançá-lo. Perdem o bom senso, o respeito a si próprias - o mais importante de tudo - a saúde, refletindo diretamente em sua qualidade de vida. Nós, como criaturas autorreflexivas, absorvemos e retemos aquilo que a sociedade implanta como o "ideal de padrão de beleza", mas no fundo, estamos perdidos, pressionados e acreditamos em tudo que é divulgado para se alcançar o "tal perfil". Na maioria das vezes, pagamos caro, tornando-nos escravos e reféns de um sistema, esquecendo que, para tudo na vida, há uma progressão. Antes de correr, foi preciso aprender a engatinhar, andar, sentar, levantar, rolar. Antes de escrever e ler, foi preciso balbuciar, falar, conhecer as letras, aprender a juntá-las, formar as palavras, até vir a formar frases. Até para a própria sobrevivência foi preciso aprender a sugar, mastigar, triturar para digerir e, por fim, manter nossa forma. A existência é um atributo à vida organizada em etapas de processos de aprendizagem. Ser um indivíduo é seguir os impulsos da própria forma de aprender suas regras. Sendo assim, na vida existem etapas que não podemos pular nem fingir que não são importantes. Ao ignorá-las, abriremos mão de experiências e desenvolvimentos que só enriquecerão nossa vida.

Quais os critérios utilizados para avaliar um aluno iniciante na academia? Para traçar um programa de treinamento, além do comprometimento e da disciplina, que outras diretrizes são essenciais para manter um treino eficiente?

Iniciar um programa de exercícios, a princípio, é simples, mas é necessário, antes de tudo, conhecer quem está procurando. Avaliar não somente seu histórico de saúde, atividades anteriores, profissão, objetivos e alimentação, mas sim todo o contexto. É importante apoiá-lo, formar um vínculo, mostrar que estaremos juntos, que ele não é mais um e que essa união professor e aluno deve existir para alcançar metas propostas e consequentemente o sucesso. Isso é fazer a diferença. A confiança é uma palavra que deverá estar sempre presente no dia a dia do relacionamento entre professor e aluno. Não se chegará a um bom treinamento com resultado se não existir a confiança em seu professor, lembrando que é de extrema importância que as metas sejam coerentes com a realidade do aluno e que o profissional esteja ciente do proposto para proporcionar-lhe construir a "condição perfeita" para o seu êxito.

Há um trabalho que você realiza na sua academia, com relação à avaliação de resultados, planificação de dados e exames periódicos. O que uma pessoa pode realizar fora da academia para contribuir na melhoria dos resultados?

Uma avaliação não pode se resumir somente a números. Esse momento especial de avaliar ajuda a conhecer e observar o aluno quanto à sua forma física e metas. Por isso, é essencial aproveitar esse tempo com o aluno. É nessa hora que devemos educar, conscientizar, aprimorar e desenvolver uma concepção real e única de qualidade de vida e sua importância em todo o processo. O aluno é o verdadeiro responsável por seu sucesso. Está somente em suas mãos o poder para alcançar o objetivo traçado. Fora da academia, o aluno precisa entender que ele é a ferramenta, o combustível e principalmente o seu guia. Sem esforço, dedicação e vontade, nada funciona. Nessa hora ajudo a desenvolver essa consciência de que é ele o protagonista do verdadeiro sucesso. O apoio do professor é apenas a mão amiga, e nada acontecerá sem que tudo esteja em harmonia e equilíbrio. Sabemos que temos problemas e dificuldades, o que reflete e afeta o nosso humor e tudo em nossa vida, mas também temos de apreender que, se não estivermos bem, nada vai funcionar e ainda teremos problemas de saúde, não desfrutaremos daquilo que plantamos. Uma coisa é certa: o dinheiro não conseguirá comprar certas coisas que não têm preço, não são vendidas, mas podem ser conquistadas. Nossas conquistas, tais como amigos e passeios, uma boa comida, viagem, risos, trabalho, família e até mesmo exames de rotina deverão fazer parte de um programa de exercícios para que se consiga obter o sucesso.

Que dicas são essenciais para manter o equilíbrio físico e emocional, considerando-se a pressão em ambientes de trabalho, cada vez mais competitivos?

Dedicação, confiança, perseverança, compreensão e autoestima. Resumindo, é conhecer quem você é. Aceitar-se e saber que você pode chegar aonde quiser. A aplicação dessas diretrizes se encaixa tanto na parte física quanto na emocional, seja qual for o momento. Devemos obter esse alicerce para conquistar o sucesso. Quando nos dedicamos, confiamos, compreendemos, perseveramos e trabalhamos para que algo se realize e, por consequência, acabe acontecendo, estamos com todas as nossas forças e energias concentradas nesse objetivo. Não há o que não se consiga, desde que se plante devidamente e que se enxergue realmente o plantado. Muitas vezes queremos maçã, mas plantamos uvas, que são frutas completamente diferentes. Logo, devemos focar o que realmente queremos e o quando podemos, para alcançarmos o desejado. Muitas vezes competimos conosco e esquecemos o quanto somos capazes. Às vezes nos deixamos influenciar por coisas externas que atingem nossa autoestima e acabamos desanimados, tornando-nos incapazes. A chave da conquista está no equilíbrio de todas as diretrizes acima.

Em um passe de mágica, se pudesse viajar de volta 10 anos, que conselho a Telma Tatyane daria a si, sobre o relacionamento com a família, com os amigos e sobre sua paixão ao trabalho?

Estamos em intensas transformações, e a busca por padrões estéticos em nossa vida é uma constante. Relacionamo-nos com os outros por intermédio das formas que construímos e pelas quais passamos. Muitas são as vezes que negamos nossos desejos, buscamos referências que não são nossas. Podemos buscar pessoas que tenham pouco interesse por sua vida, sofram frustrações e sejam resignadas. As experiências emocionais da vida, sofram frustrações e sejam resignadas. As experiências emocionais da vida criam forma, e sabemos que a forma dá emoções, pensamentos, sentimentos e satisfação. Com nossa forma, interagimos com o mundo e criamos relacionamentos e, à medida que nos abrimos para o contato com os outros, podemos criar relacionamentos para reforçar ou compensar nossa forma individual. Essa contribuição é necessária para uma harmonia perfeita com o aluno/cliente: a superação de seus limites e a satisfação de poder contribuir de formar objetiva com cada um que busca a realização pelo exercício personalizado. Provavelmente diria a ela que usasse sua sabedoria. Mas será que, se eu falasse isso, estaria hoje aqui para escrever? Acredito que, se eu pudesse voltar, não deveria aconselhar nada a mim mesma, pois, se temos toda essa "grandiosidade", é pela experiência que adquirimos em nossas vidas, tudo por que passamos contribuiu com nossa formação. O que nossos sentidos nos proporcionaram fez com que crescêssemos e evoluíssemos. Todas as experiências são válidas, tanto as boas como as ruins, pois muitas vezes nossas experiências ruins nos trazem algo de bom. Muitas vezes não entendemos na hora, mas, quando paramos e analisamos com sabedoria, tiramos o bom do ruim. Basta olharmos, não com o sentido da visão, mas sim com a junção de nossos sentidos e sentimentos. Espero nunca ter de voltar, pois se sou e penso hoje assim, é graças às experiências que vivenciei nesses anos que vivi. Acredito que hoje posso dar muito mais aos meus amigos, família, trabalho e alunos do que antes, mas, sem essa trajetória, isso não existiria; minha concepção poderia ser outra. Gosto e acredito no meu hoje e sei que, daqui a dez anos, terei mais e mais a oferecer a todos.

SHAOLIN

www.shaolin.zip.net

"Se o seu riso não passar sinceridade, espontaneidade e credibilidade, contrate alguém para rir por você na sua empresa, pois nem a cara sisuda, nem o riso falso conquistam. Esqueça-se do riso e você se esquecerá do amor."

Nascido e batizado Francisco Jozenillon Veloso, o humorista **Shaolin** começou sua trajetória profissional com a criação de desenhos e caricaturas no jornal "A Palavra", em Campina Grande (PB).

A rápida evolução de seu talento para o humor gráfico o fez chargista e cartunista de inúmeros jornais paraibanos. Também trabalhou com expressiva atuação como radialista na Rádio Campina Grande.

Por diversão, **Shaolin** passou a imitar políticos e personalidades, descobrindo seu enorme potencial como humorista. Artista de palco, dotado de uma grande capacidade para assimilar costumes e mazelas da sociedade, consegue trazer para o lado irônico, irreverente, inesperado e contagiante humor popular.

Participou de programas de televisão como "Domingão do Faustão", "A Praça é Nossa", "Show do Tom", "Tudo é Possível", entre outros. Recebeu, no mês de março de 2010, a maior honraria concedida pela Assembleia Legislativa do Estado da Paraíba, a medalha e o Diploma Epitácio Pessoa.

O nome **Shaolin** foi dado por um amigo jornalista, Atalmir Guimarães (Mica), pela suposta semelhança de Francisco Josenilton com os heróis de kung-fu da década de 70.

Como artista você observa que algumas pessoas são destaque e referência no trabalho que realizam, entretanto, outras pessoas, realizando o mesmo trabalho não conseguem conquistar êxito, alegria e prosperidade. Em sua opinião, por que isso ocorre?

O êxito de cada pessoa está ligado ao momento. Cabe ao profissional, indiferentemente da sua profissão, estar atento, reciclado e bem informado sobre as exigências do mercado. O profissional atento às oportunidades faz sucesso, e o desatento não. Pode parecer incrível, mas algumas pessoas transformam o trabalho em algo improdutivo, torturante e infeliz. Um grande equívoco é que as pessoas associam o trabalho com situações ruins, com desgraça e com pressão negativa. Tudo isso cria um sistema de abandono, da troca do riso pela aparência triste do trabalho, como uma tortura. Cria o abandono da prosperidade pela infelicidade de viver cada momento como único. Não são capazes de perceber que o mercado de hoje exige desde a aparência até a capacidade de trabalhar sob pressão. Exige cada vez mais a competência profissional. Como artista, eu posso assegurar que o público está cada vez mais exigente. Por isso, é fundamental estudar, descobrir oportunidades, desenvolver as competências e ampliar as redes de relacionamento.

Você considera seu trabalho uma diversão e deseja que as pessoas fiquem felizes ao ouvir suas imitações, paródias e piadas.

Todas suas conquistas profissionais estão diretamente relacionadas com o aspecto de aproveitar as oportunidades e se tornar um humorista apaixonado pelo que faz?

Sim. O meu trabalho é a minha diversão, mas nem sempre a minha diversão é o meu trabalho. Ele passa a me divertir após eu ter me preocupado com a criação, ensaio e aprovação do público. O triste é perceber que algumas pessoas confundem diversão com desordem, libertinagem ou zombaria. Quando falo que meu trabalho é uma diversão, afirmo que é o reflexo de eu ser uma pessoa apaixonada pelo que realizo. Eu acredito que o humor já está pronto. O humorista é um artesão que aproveita a oportunidade para lapidar e oferecer o encontro do humor com o senso crítico para despertar no público uma reflexão.

Quando um artista aparece na mídia, há inúmeras pessoas que acreditam que o sucesso é algo imediato e, principalmente, que as oportunidades surgem do acaso. Que conselho você apresenta para pessoas que desejam seguir uma trajetória de sucesso?

A palavra "sucesso" é diferente da palavra "fama". Fama pode ser repentina, que é o que acontece com os *reality shows* da vida, ou quando um criminoso é capturado, pois rapidamente ele se torna conhecido. O sucesso no meu trabalho surgiu antes da fama. Antes de estar na TV, já lotava teatros, já fazia convenções de empresas, escrevia e desenhava para jornais, recebi prêmios por criar e atuar em comerciais da Rede Globo no meu Estado, ou seja, o sucesso pode estar no anonimato, e a fama nem sempre vem acompanhada do sucesso. Você pode ter fama de azarão. O meu conselho é que você trabalhe para o sucesso, não para a fama. Certamente um dia o reconhecimento do sucesso chegará.

Há empresários que acreditam que sorrir pode afastar sua imagem de líder e confundir liberdade com libertinagem. Você acredita que há profissionais que não realizam o equilíbrio entre a vida pessoal e profissional pelo abandono do riso? Qual motivo?

Exemplos de sorrisos bem-sucedidos: Albert Einsten, Ayrton Senna, Silvio Santos, Charles Chaplin. Se o seu riso não passar credibilidade, sinceridade e credibilidade, contrate alguém para rir por você na sua empresa, pois nem a cara sisuda, nem o riso falso conquistam. Quando você possui senso de humor, descobre que não existe tempo para ser triste. Pessoas que demonstram mau humor somente absorvem uma impressão azeda do mundo e deixam escapar a oportunidade de descobrir que o sorriso é um grande triunfo. Cada vez que eu subo no palco, busco jamais decepcionar no trabalho que realizo. Acredito no riso como um benefício mental, essencial ao cotidiano do ser humano. Algo tão sagrado como considero uma oração. Esqueça-se do riso e você se esquecerá do amor.

Em um passe de mágica, seu pudesse viajar de volta 10 anos, que conselho o Shaolim daria a si, sobre o relacionamento com a família, com os amigos e sobre sua paixão ao trabalho humorístico?

Não teria esperado para entrar de cabeça no projeto “humor do Shaolin”, não teria temido o que a família iria pensar, não teria chorado nas etapas fracassadas, pois o lamento atrasa a criatividade. Se pudesse viajar de volta 10 anos no tempo, teria perguntado mais e respondido menos.

FALCÃO

www.falcao12.com.br

"Você precisa encarar o treinamento como um aprendizado para sempre melhorar, como um momento de aperfeiçoamento. As oportunidades acontecem todos os dias. Se você continuar treinando, você continua fazendo gols."

Nascido em São Paulo, o jogador brasileiro de futsal Alessandro Rosa Vieira é mundialmente conhecido como **Falcão**. Iniciou a carreira em 1991, no CCAA Guapira - São Paulo e, depois, tornou-se atleta profissional no Corinthians (SP), em 1992.

Sua incrível habilidade com a bola o levou a conquistar uma vaga na Seleção Brasileira, e por três vezes, foi eleito pela FIFA o melhor jogador de futsal do mundo. Em 2007, **Falcão** foi uma das estrelas brasileiras na conquista da importante medalha de ouro nos Jogos Pan-Americanos, que contou pela primeira vez com a participação do futsal.

Em 2009, o atleta conquistou um importante prêmio como artilheiro da Superliga de futsal. Foi campeão 46 vezes entre os anos 1995 e 2010, recebendo mais de trinta importantes premiações individuais entre os anos 2001 e 2009.

Foi campeão da Copa do Mundo de Futsal da FIFA realizada em 2008. Eleito o melhor jogador da competição e vice-artilheiro com 15 gols. O apelido **Falcão** é uma homenagem ao ex-jogador de futebol de campo, Paulo Roberto Falcão.

Há pessoas que julgam, principalmente pelo aspecto de estar do lado de fora da profissão, que o status, glamour, conquistas e principalmente o sucesso são construídos momentaneamente. Qual a sua opinião sobre esse fato?

Observamos realmente, que há pessoas, em especial os invejosos, acreditando que o sucesso é momentâneo. É evidente que tudo na vida passa, mas cabe à pessoa envolvida trabalhar para que isso seja diferente. É claro que um dia o brilho, o *status*, glamour irão acabar, e eu, como atleta falando sobre isso, tenho plena certeza do quanto é real. Porém, graças a Deus, sempre coloquei na minha frente o compromisso de tentar fazer com que o sucesso seja o mais prolongado possível. Eu vejo vários atletas consagrados que tiveram seus dois ou três anos de grande momento e acabaram passando. Hoje estão no anonimato. Grandes nomes do futebol mundial, grandes cantores, atores, atrizes que têm aquele auge de um ou dois anos e, por ali, param definitivamente. O meu diferencial foi sempre querer mais. Tanto que eu estou há anos mantendo o título de melhor jogador de futsal do mundo. Quando eu assisto a um vídeo de um jogo meu, cada vez eu me cobro mais e cada vez eu quero mais. Se o sucesso é momentâneo, eu trabalho muito para que esse momento seja o mais duradouro possível. O sucesso é o resultado de muito trabalho, de dedicação, do esforço e do treinamento diário. Há profissões que envolvem a mídia, e outras não. Você pode ser um grande padeiro, pedreiro, arquiteto, dentista, médico, vendedor, gerente, diretor de empresa; tudo depende da sua maneira de encarar o trabalho e de melhorar continuamente. Se você aceitar que daquele jeito costumeiro está bom, isso irá atrapalhar. O sucesso e o profissionalismo precisam caminhar juntos.

Você considera o treinamento algo essencial para o desempenho da sua competência como atleta profissional? Por que há pessoas que desprezam o treinamento? Que conselho você apresenta para pessoas que desejam seguir uma trajetória de sucesso?

O treinamento é essencial, fundamental, e não adianta pensar que você tem talento e somente isso é suficiente. Cada ano que passa, aspectos físicos e técnicos evoluem e se transformam. É necessário se adaptar às mudanças. Eu, como atleta, quero sempre melhorar. Muitas pessoas afirmam: "Falcão, você já conquistou tudo!" Eu já não vejo assim. Eu não ganhei o próximo campeonato. Não conquistei a próxima Liga de Futsal. Não ganhei o próximo Campeonato Mundial. Não vibrei com o próximo gol. Então eu tenho muito a conquistar. E tudo isso depende do treinamento diário, da melhoria contínua, da avaliação do desempenho físico e de buscar ser cada vez mais competente. É uma repetição, uma sequência de treinamento. Não adianta Deus oferecer um dom, você aceitá-lo pacificamente e não aprimorá-lo. Você precisa encarar o treinamento como um aprendizado para sempre melhorar, como um momento de aperfeiçoamento. As oportunidades acontecem todos os dias. Se você continuar treinando, você continua fazendo gols. Se você parar de treinar, poderá perder um gol que não perderia. E poderá ser um gol importantíssimo em certo momento. Então, o treinamento é essencial em qualquer tipo de profissão. Quando olhamos para o passado, um profissional com datilografia fazia a diferença no mercado de trabalho. Poderia ser o melhor, mas já tinha alguém começando a aprender a digitação. E essa pessoa que fez um curso de informática atropelou o melhor em datilografia, por que buscou atualizar-se. E no futebol não é diferente! Nada contrário a essa situação para um atleta. O adversário estuda seu estilo de jogo, sua maneira de fazer gols para conhecer sua formação e o seu pensamento em quadra, para superar seus pontos fortes. Porém, se você valoriza o treinamento, como um momento de correção dos seus pontos fracos, suas competências continuarão se sobressaindo. Treinamento requer atualização. Em qualquer área, setor, profissão, segmento comercial ou industrial, em qualquer tipo de trabalho, o treinamento é importante, essencial e fundamental. Se o objetivo é a vitória, as atualizações com a soma da competência prevalecerão no momento de fazer a diferença. A pessoa que julga e diz que não precisa de treinamento, pode acreditar, é a que mais necessita.

Cada vez que você entra no estádio e a torcida grita seu nome, seu coração bate mais forte. Cada vitória e cada troféu têm um sabor muito especial. Suas conquistas profissionais estão relacionadas com o aspecto de aproveitar as oportunidades e se tornar um atleta apaixonado pelo que faz?

Com certeza! Eu agradeço sempre o dom que Deus me deu. Mas somente o dom não resolve. Você precisa estar cada dia melhor, para justamente não decepcionar essas pessoas que veem você como um ídolo. Pessoas que pagam ingresso e levam toda a família para vê-lo jogar. Eu sei da minha responsabilidade como atleta sobre isso. E nesse sentido, eu não penso somente em mim. Penso em um ginásio lotado e no que essas pessoas estao querendo ver. Iodas essas conquistas que vêm e todas as vitórias, sem dúvida, são por eu ser realmente um atleta apaixonado pela minha profissão. Eu tive vários convites e oportunidades de jogar futebol de campo. Até cheguei a jogar no São Paulo Futebol Clube, mas depois de cinco meses, voltei, porque realmente eu sou apaixonado pelo que faço no futsal. Eu amo fazer o meu trabalho. Eu amo ser elogiado e ver que, além de conquistar resultados positivos para o meu clube, para a Seleção Brasileira, eu também consigo agradar a torcida. Eu jogo para o Falcão e para o país. Eu jogo para quem está no sofá, comendo pipoca e assistindo-me jogar. Isso me deixa comprometido com um Brasil inteiro, que me valoriza e reconhece nos aeroportos, hotéis, restaurantes, enfim, nos mais diversos lugares. Eu jamais quero decepcionar a minha torcida. Nesse sentido, a família tem um papel importante e fundamental, pois oferece regras para seguir um caminho certo na vida. E essas regras acabam influenciando você dentro de quadra. A família estando perto, sempre apoiando, contribui para a melhoria contínua.

O que fazer quando a torcida pressiona por um desempenho quase sobre humano na esperança de melhores resultados? Seria possível acreditar que algumas pessoas desistem dos sonhos por não acreditarem nas próprias habilidades?

Com certeza, e isso eu vejo muito. O fator ginásio lotado para alguns atletas é excelente. Para outros atletas, a pressão faz com que alguns desista, dos sonhos por não acreditarem nas próprias habilidades. É evidente que há o jogador de fase final e o iniciante. Existe o jogador que decide e há o que não decide. Em um jogo considerado fácil, há jogador que não aparece. E em um jogo difícil, o que fez cinco gols no jogo anterior não brilha e não faz nenhum gol. Em qualquer profissão, a pressão está presente e com os níveis mais variados. No meu caso, a pressão é favorável para o meu aprimoramento contínuo. Eu, como atleta, gosto de trabalho sob pressão, e isso sempre foi um grande diferencial para contribuir com a minha personalidade e para a conquista de resultados positivos. É evidente que algumas pessoas conseguem reagir bem à pressão, e outras não. Quando uma criança diz que ela é camisa 12 da seleção brasileira, isso é algo verdadeiramente maravilhoso e encantador.

Quando uma criança sabe fazer o drible do Falcão, é uma emoção que não tem tamanho. Isso gera responsabilidade e reconhecimento de um público verdadeiro. Você precisa saber que o pai que está levando o filho à quadra para assistir ao jogo, para me assistir jogar, busca uma referência. Se você cometer algum deslize, você retira o exemplo que a criança quer ter. Eu aprendi que a responsabilidade vai além das pessoas que estão assistindo a você jogar na quadra e alcança os lugares mais distantes por meio da televisão e do rádio. E você, como profissional, precisa saber dessa responsabilidade. Quando uma pessoa valoriza você pelo dom que Deus lhe deu isso não tem preço, e nesse sentido, compete, cada vez mais, valorizar o treinamento, a personalidade e a bondade.

Em um passe de mágica, se pudesse viajar de volta 10 anos, que conselho o Falcão daria a si, sobre o relacionamento humano com família, com os amigos e sobre sua paixão no esporte?

No meu lado profissional, eu não mudaria uma curva qualquer na trajetória que segui. Sempre direcionei meus sentimentos para o que gosto de fazer. Algo que eu gostaria de fazer, ao voltar 10 anos, seria o de tentar estar mais próximo da família e dos amigos. Eu tive um momento na minha vida que poucas pessoas sabem, mas refletiu diretamente no lado pessoal e, como resultado, no ambiente em quadra. Eu tive meu pai, durante um ano, no hospital do câncer; depois ele acabou falecendo. Naquele período, eu era expulso da quadra, era arrogante e brigava muito nos jogos. Naquele período, eu achava aquilo normal, pois eu despejava tudo o que eu estava sentindo dentro da quadra. Mas isso é passado, e hoje eu vivo um momento especial da minha carreira. A cada ano que passa você aprende a melhorar em virtude dos deslizes que comete.

Sempre quando anda para frente, por mínimo que seja o passo, segue para frente. Tudo tem sempre o seu momento. As falhas são naturais, e a cada ano, a sua visão de observar o mundo muda. É um processo natural. Conforme o tempo foi passando, eu fui, melhorei e os resultados apareceram. Infelizmente, a vida de um atleta é curta, e quero continuar aproveitando as oportunidades ao máximo.

DICAS MÁGICAS

- **A paixão e o conhecimento passam a ser importantes diferenciais competitivos para intensificar a carreira, pois pessoas mais felizes colocam o sentimento de amor no que realizam.**
- **Esporte define o corpo, reduz o nível de estresse, queima calorias e melhora o seu humor. Também contribui com o cérebro ao estimular a produção de novos neurônios.**
- **Cada vez mais, as empresas percebem que investir em qualidade de vida, por meio de atividades esportivas, recreativas ou de lazer, resulta em desempenho positivo de seus funcionários.**
- **Desfrute e saiba aproveitar a vida sem perder a responsabilidade. Organize seu ambiente, sua agenda e seus compromissos com as possibilidades e ordem de prioridades.**
- **Encontre exercícios físicos de acordo com seu estilo de vida e atividade de que mais goste. O interessante é sentir prazer, e não encarar tudo como uma obrigação.**

ENCERRAMENTO: OSCAR SCHMIDT

"Quando pensamos positivamente, aniquilamos nossas ansiedades, da mesma forma que uma grande onda aniquila ondas menores."

Hebert José de Souza (Betinho)

(1935/ 1997)

Vivo para jogar. Jogo para viver.

Ao aceitar o convite para encerrar este livro, quis fazer deste momento algo verdadeiramente especial, para refletir o quanto você é uma pessoa única. Seu potencial de conquistas, otimismo, motivação, sonhos, desejos e metas constituem experiências que nunca mais serão repetidas de maneira semelhante, por qualquer outra pessoa.

Comecei a jogar basquete aos 13 anos e sempre fui um apaixonado por esse esporte. Treinei muito para ser o melhor do mundo e, ainda assim, fiz muito mais do que sonhei. Em cada treino, busquei superar meus próprios limites. Acreditei sempre que, com confiança e treino, mais cestas se consegue acertar. Quanto mais treino e confiança, mais se desenvolve a competência, e, como resultado, mais vitórias acontecem.

Ter jogado durante vinte anos na Seleção Brasileira, em 326 jogos, ser conhecido como o "Mão Santa" e conquistar um título que parecia impossível é realmente aproveitar as oportunidades. Ganhamos da equipe olímpica americana nos Estados Unidos (no Pan-Americano de Indianópolis, em 1987). A primeira derrota da equipe norte-americana em seus domínios em toda a história do basquete. Nesse jogo, eu aproveitei a oportunidade e fiz 46 pontos, do total de 120 que a Seleção Brasileira realizou. Resultado, sem dúvida, dos treinos e de perceber que a competência exige gostar do que se faz, realizar aquilo de que se gosta, dispor de dedicação total e humildade para aprender todos os dias.

Tenho privilégio de ser o que sou, dizer o que penso e demonstrar o que sinto, sem algum constrangimento. Em qualquer situação, na quadra, no time, com os técnicos, na seleção, nas entrevistas, sou sempre fiel aos meus valores, que foram passados pela minha família e fizeram a base da minha formação.

Hoje passo esses mesmos valores para meus filhos. Meu sucesso é decorrente do equilíbrio do meu lado pessoal com o profissional. Recebo da família toda a estrutura de que preciso para fazer bem o que faço. Minha mulher e meus filhos têm todo um cuidado e carinho especiais para que esteja bem como pessoa, e isso, sem dúvida, reflete no lado profissional.

Se você exerce uma atividade de liderança, tem de se sacrificar por seus companheiros, assumir responsabilidades por eles, nunca se esconder e, sobretudo, apresentar resultados. Ninguém respeita um líder preguiçoso, prepotente e arrogante. Quando você dispõe de humildade e se sacrifica pela equipe, as pessoas o respeitam.

Como você descobriu neste livro, uma pessoa apaixonada pelo que faz encontra mais confiabilidade para conviver com a pressão. Lembro que, nas quadras, a pressão maior nem estava no jogo em si. A grande pressão estava centrada no resultado, pois, sem a vitória, não haveria emprego na temporada seguinte. Vencendo ou perdendo, a pressão exigia treinamento e aprender cada vez mais.

E ensinamentos, dicas e condições de melhorar mais não faltam neste livro. Conheço o Dalmir das palestras que realizamos juntos, em várias cidades, e posso afirmar que estar diante de uma plateia é um grande aprendizado, assim como a riqueza do conteúdo e das entrevistas que estão presentes neste livro. Um verdadeiro guia para uma pessoa ser vitoriosa. Primeiro, o trabalho que você realiza necessita ser feito com amor, paixão e emoção. Segundo, desenvolva esse trabalho com competência e treinamento constante. Terceiro, valorize o equilíbrio entre a vida pessoal e o ambiente profissional.

As oportunidades estão à sua volta, esperando para serem encontradas. E o que fazer? Tenha um sonho, seja apaixonado pelo que faz, dedique-se totalmente, tenha humildade e seja uma pessoa verdadeira. Acredite que, quando você parar de sonhar, também irá parar de viver.

Indiferentemente da sua profissão, procure treinar, treinar e treinar! E, quando estiver morto de cansado, treinar mais um pouquinho. As oportunidades precisam ser descobertas por você.

Oscar Schmidt

REFERÊNCIAS

"Invente seu próprio jogo. Faça o que for necessário para ser feliz. Mas não se esqueça que a felicidade é um sentimento simples, você pode encontrá-la e deixá-la ir embora por não perceber sua simplicidade."

Mário Quintana

1906/1994

ANTONACOPOULOU, Elena. Reconnecting management education, training and development through learning: a holographic perspective, **Education Training**, Vol.42, Nr. 04/05, 2000.

ARRUDA, José Jobson de Andrade. **A revolução Industrial**. 3ª edição. São Paulo: Ática, 1994.

BITTENCOURT, Claudia. **Gestão de competências gerenciais:** a contribuição da aprendizagem organizacional. Tese (Doutorado em Administração), Escola de Administração - PPGA, Universidade Federal do Rio Grande do Sul. Porto Alegre, 2001.

BRANDÃO, H.P; GUIMARÃES, T.A.**Gestão de competências e gestão de desempenho**: tecnologias distintas ou instrumentos de um constructo. Revista de Administração de Empresas, São Paulo, v.41, nº41, p.08-15, janeiro/março 2001.

CLARET, Martin. **Chaplin**: vida e pensamentos. São Paulo: Martin Claret, 1997.

COELHO, Tom. **Sete Vidas**: lições para construir seu equilíbrio pessoal e profissional. São Paulo: Saraiva, 2008.

DAMÁSIO, Antonio R. **O erro de Descartes**: emoção, razão e o cérebro humano. São Paulo: Schwarcz - Companhia das Letras, 1996.

FINEMAN, Stephen. A emoção e o processo de organizar. In CLEGG, Stewart R.; HARDY, Cynthia; NORD, Walter R. (Orgs.). **Handbook de Estudos Organizacionais**: Reflexões e novas direções. Vo. 02. São Paulo: Editora Atlas, 2001.

GODOI, Christiane Kleinübing. **Psicanálise da Orgnizações**: contribuições da teoria psicanalítica aos estudos organizacionais. Itajaí: Univale, 2005.

HOCHSCHILD, Arlie Russel. **The Managed Heart**: Commercialization of Human Feeling. Los Angeles: University of California, 1983.

JUNIOR, Hilário Franco. **O feudalismo**. 6ª edição. São Paulo: Brasiliense, 1983.

KLINK, Amyr. **Mar sem fim**: 360º ao redor da Antártica. 2ª edição. São Paulo: Companhia das Letras, 2000.

MAQUIAVEL, Nicolau. **O Príncipe**. Brasília: Universidade de Brasília, 1979.

MARTINS, Sergio Pinto. **O Direito do Trabalho**. 22ª edição. São Paulo: Atlas, 2006.

PRAHALAD, C.K; HAMEL, Gary. The Core Competence of the Corporation. **Harvard Business Review**, vol. 68, Nr. 3 May--June 1990, pp. 79-91

QUINTANA, Mário. **Esconderijos do tempo.** 5ª edição. Porto Alegre: L&PM, 1980.

RAMOS, Alberto Guerreiro. **Uma Introdução ao Histórico da Organização Racional do Trabalho.** Brasília: Conselho Federal de Administração (CFA), 2009.

RUESCHEMEYER, Dietrich. **Power and the division of labor.** Stanford: Stanford University Press, 1986.

SENGE, Peter. **The fifth discipline:** the art and practice of the learning organization. New York: Doubleday, 1990.

SPENCER, L; SPENCER, S. **Competence by any other name.** Personnel Management, P. 30-33, Sep 1991.

TURNER, Jonathan H. **Sociologia**: conceitos e aplicações. São Paulo? Makron Books, 1999.

WALT DISNEY PRODUCTIONS.**Disney Entertainment**. Derivative Litig, 1982.

7ARIFAN, Philippe. **O Modelo de Competência:** Trajetória, História, Desafios atuais e Propostas. São Paulo: Senac Editora, 2001.

DES CLUBS
EUROPÉENS
reusch

"Jogue bola com pessoas ruins e você será visto como um fraco.
Jogue bola com pessoas competentes e você levantará o troféu com elas."

Dalmir Sant'Anna

Dalmir Sant'Anna

Palestrante comportamental, convidado para apresentar palestras em convenções, seminários e congressos nacionais e internacionais, com conteúdo direcionado para o desenvolvimento de pessoas. Apresenta uma palestra com conteúdo para despertar a mudança de comportamento utilizando uma abordagem funcional.

No portfólio de clientes estão conceituadas organizações nacionais e internacionais, associações de classe, instituições financeiras, cooperativas e universidades. Uma palestra diferenciada, com conteúdo capaz de gerar reflexões para contribuir de maneira prática e funcional no cotidiano de profissionais nas mais diversas áreas.

Professor de pós-graduação. Conquistou mestrado em Administração de Empresas, pós-graduação em Gestão de Pessoas e pós-graduação em Magistério Superior. Bacharel em Comunicação Social e mágico profissional. Escreve regularmente como colunista em conceituadas revistas, sites e jornais. Foi premiado pelo SBT com o troféu "Palestrante Destaque Empreendedor" e recebeu da Record News o troféu "Orgulho Brasileiro". Palestrante aprovado com selo de qualidade WEC.

www.dalmir.com.br

dalmir@dalmir.com.br

(47) 3347.1530